JN024334

さずきもんたちの唄
最後の弟子が語る瞽女・小林ハル
萱森直子
左右社

さずきもんたちの唄

最後の弟子が語る瞽女・小林ハル

はじめに

人生の岐路という言葉があります。

そのときはわからなかったけれど、後から考えてみると、あれがなかったなら自分のその後はずいぶん違ったものになっていたのではないか、と思われる出来事。パートナーや友人との出会いであったり、災害や事故や思いがけない別れであったり、一枚の絵、一冊の本、一本の映画であったり、ひとそれぞれに、いくつものさまざまな思い出があることでしょう。私の場合、その一番大きな岐路が、最後の瞽女(ごぜ)とよばれた小林ハルさんの弟子となったことでした。

瞽女とは楽器（おもに三味線）をもってうたうことで暮らしを立てていた、目の見えない女性たちのことです。「瞽」の文字をよく見ると、打楽器の「鼓」と「目」とで成り立っていますね。「瞽女」というのは身分や生まれを指すのではなく、職業の名前です。起源は室町時代といわれています。

甲府瞽女、駿府瞽女、上州瞽女など、かつては全国に多くの瞽女さんが存在していましたが、みな早くに消えてしまい、それぞれがどのような芸風であったのかを知ることはできません。そんななかでただ一か所、昭和の中頃までその姿を見ることができた地域があります。私が生まれ育ち、また今も住んでいる新潟・越後です。令和になった今でも、その姿をかすかに覚えているという人がいます。また、自分の母親の実家が瞽女を泊めた瞽女宿であったと話してくださる人も。それらの記憶はすべて、今は姿を変えてしまったふるさとの風景や、故人となった両親や祖父母の懐かしい思い出と重なっています。

瞽女さんたちの多くは両親や祖父母に、「お前はおれたちが生きているうちはいいが、おれたちが死んだらひとりで生きていかねばならないんだぞ。目が見えないとなれば瞽女か按摩か。どっちがいいかね」と聞かれて瞽女を選んだといいます。五歳か六歳、今でいうなら小学校に入学する少し前くらいの年齢であったことが多かったそうです。

そう聞くと、いかにも悲しい、寂しい、みじめな、暗い……そんなイメージをもたれがちですが、実はそうではありません。

越後の瞽女たちは、一本の三味線とその声でみずからの人生を切り開き、人々の暮らしに深く入り込んでパワーあふれる娯楽を提供する、誇り高き芸人集団でした。行く先々にその訪れを、季節の節目として心待ちにする多くの人々がいました。

ふとした機会に体感した小林ハルさんの唄声が忘れられずに、その後弟子入りした私は、稽古場を通してだからこそ見えてきたハルさんや瞽女さんたちの、それまで知られていなかった一面を知ることになります。

「瞽女唄ってなあに？」

「瞽女ってどんな人たち？」

小林ハルの弟子として過ごした日々を思い返しつつ、その答えを探ってゆくことにしましょう。

さずきもんたちの唄　目次

二の段　道はつづく、奥深くへ

「さずきもんさえ大事にしてりゃなんとかなるもんだ」

三の段　別れ、そして旅はつづく

「おめと一緒に旅したかったもんだ」

・瞽女唄が口頭伝承であるという性質上、唄のタイトルや歌詞には決まった表記がない。この本では、『阿賀北ごぜとごぜ唄集』（新発田市教育委員会）を参考に適宜編集を加えた。
・〔　〕付きの算用数字は、巻末252ページからの参考音源リストと対応している。音源の一部はYouTubeで視聴することができる。
・本文で引用されている歌詞と音源の歌詞は異なる場合がある。

一の段　旅のはじまり

「こんなばあさんから唄を習いたいなんて物好きだの」

一　師匠・小林ハルとの出会い

　手元に一枚の写真があります。場所は、新潟県胎内市にある養護盲老人ホーム「胎内やすらぎの家」の集会室。ここは新潟県唯一の、視覚障害をもつ高齢者専用の施設です。私がはじめて小林ハルという人の存在と唄声とに間近に接した場所であり、またその後十二年にわたって稽古に通うことになった場所でもあります。

　それは、当時所属していた盲人用図書の点字本を作るサークルの一員として、胎内やすらぎの家を訪れたときのことでした。そのサークルで過去に点訳した本が納められている施設を見学に行こうという趣旨で訪問したのです。一九八七年十月二十二日のことでした。

「これから入所者の方がうたわれますので一緒に聴いていきませんか？　とても高名な人なんですよ」とのお誘いで広間へ招き入れていただいたのです。その日は私たちのほかにも音楽グループが来ていました。そのボランティア慰問演奏へのお返しに、入所者を代表して唄を披露したその人が、小林ハルさんでした。写真中央で三味線をもって座っているのがハルさんです。

　小林ハルという人のことは、ある程度の興味をもって報道や本で知っていました。その施設にお住まいだということも。でも、まさか唄が聴けるとは思ってもいませんでした。

わずか二分ほどの演奏。唄の名前すら知らず、何を言っているかも聞き取れませんでした。その唄が『門付け唄　瞽女松坂』（第七話に後述）であったことを知ったのも、ずっとのちのことです。

経験したことのない唄声

私は百畳以上はあろうかと思われる広い部屋の一番後ろで聴いていて、ハルさんの背中しか見えない位置関係でした。それなのに私は非常に強い印象をもったのです。声がどうとか唄や三味線がうまいとか、素敵なメロディだなとか、そのような印象ではありません。ただひたすら「ここにこんなものが残っていたんだ」という驚きでした。

発声も、音程のとり方・移り方も、三味線も、その人自身が発している存在感そのものまで、まるごとすべてがそれまで経験したことのないものだったのです。自分が知っていたあらゆる音楽芸能とかけ離れたものであるように感じられました。五線譜や文字、知識や技術でいじられていない根源的な魅力をもった世界……ほかの世界の価値観や毀誉褒貶を拒否しているかのような。神聖なものを目の前にしているような、不思議な感覚でした。

同時に「惜しいな……」と思いました。この人が亡くなればこの芸は終わる。こういうものが消えていってしまうのだな、惜しいけれど仕方のないことなのだろうな、と。

私は、ごく小さな演奏会で感じた不思議な懐かしさをきっかけに、二十歳で津軽三味線を習い始め、ずっと続けていました。ところがちょうどこの頃、津軽三味線の世界が、自分が魅力を感じてやりたいと思っているものと違ってきているな、と感じ始めていました。派手な音が好まれるようになって、楽器の大きさもどんどん大きくなってきていましたし、「超絶技巧」を駆使したすきのない演奏が大きな舞台やテレビなどで見られるようになり、ファンを増やしていた時代です。自分自身も練習すればするほど、自分の理想から離れて行くようでした。

自分が惹かれたのはこういう洗練された芸術的なものではなく、もっと土臭い、生活臭のある、風土や暮らしがすけてみえるような「芸」なのに……。もしかするとそんな音楽はもうどこにも残っていないのだろうか、と。

そんなときに小林ハルさんの唄に巡り合ったのでした。

いてもたってもいられずにすぐにその場で弟子入りを志願した、というならかっこいいのですけれど、実際はそうではありません。自分などが習うことができるものだとは夢にも思わなかったのです。むしろ、手を出してはいけないもの、そんな畏れに近い感情すらもっていました。

当時から瞽女唄の伝承活動や演奏活動はおこなわれており、新聞等でも知ることができましたので、その後いろいろな機会に足を運び聴いてはみましたが、あのときの感触を思い起こさせるものに出会うことはできませんでした。それぞれに上手だったり素敵だったり、確かに魅力的ではあるのですが、そこには自分が求めるものはなかったのです。やはりあの芸はあの人とともに消える運命なのだ、と納得しつつ、あのとき一度だけでも体験できてよかったなと思っていました。

この出会いは、そのまま幸運な記憶として過去のものになってゆくはずでした。

「胎内やすらぎの家」の集会室でうたうハルさん

二　突然の入門

ところが、それから数年の時を経て、小林ハルという人がまだ教える気持ちがあるので相手を探しているという話を聞きました。「あのときのあの人だ！」と思った瞬間に、私の心は理屈を離れてぽんと跳んでしまいました。

そのとき私は第二子を出産して二か月くらいしか経っておらず、その上に三歳になったばかりの第一子がいました。今思い返すとどうしてそんな無謀なことを……と我ながらあきれてしまうのですが、時間的なこと、体力的なこと、経済的なこと、その他いろいろな困難を考えるよりも先に、とにかく「やってみたい」と思ってしまったのです。

ただ、「本当に教えたいと思っていらっしゃるのだろうか」ということがとても心配でした。大変な苦労をして今やっと平穏な暮らしをしている方だということは知っていました。せっかくうたわなくて済む環境になったのに、今さらうたうとか教えるとか、面倒だと考えていらっしゃるのではないだろうかと。ひょっとしたら「貴重な文化財を伝承しなければならない」というまわりの声に押されて、渋々承諾したのかもしれません。もしもそうなら無理強いはしないで帰ってこよう、でもとにかく自分のやりたい気持ちだけは伝えてこよう、そんな気持ちで生まれたばかりの子を抱いて、胎内やすらぎの家へ向かいました。一九九四年春のことです。ハルさんは九十四歳という年齢でした。

もうすこしやっていけ

お会いしたハルさんは、「こんなばあさんから唄を習いたいなんて物好きだの。覚えたければ教えてやろか」と、自分なりに音源を頼りに形作っていった私の拙い演奏を聴き、アドバイスまでくださったのでした。

実際にお稽古が始まると、ハルさんは「伝えたい」気持ちと気力とに満ち溢れていらっしゃいました。唄のイロハもわからない者を相手に、根気強く、繰り返し繰り返し手本を聴かせてくださり、少しでも覚えると「ようしたようした」とほめてくださり、ひとつうたえるようになると「次は何を覚えるかの」と嬉しそうでした。

負担にならぬよう一時間くらいで終わろうと思っても、お稽古を始めるときりがなく、「まだ大丈夫だ。もっとうたっていけ、もっと聴いていけ」と言われるのが常でした。そこでお昼ご飯のお知らせできりあげられるようにと昼食の一時間前に始めるようにすると、「まだ来たばっかりでないか。おれはお昼ご飯なんて食べなくてもいいからもう少しやっていけ」と。

また、「風邪気味だとうかがったので、今日はお顔を見てすぐ帰りますね」と言うと、「おめぇがおれんとこに来てうたわないで帰るのなんてのはだめだ、なんでもいいから唄を聴かせていけ」と静養室（体調の優れないときのためのお部屋）のベッドの上で言われて困ったこともあります。

ハルばあちゃん

この芸は自分の能力を超えたところにあるものなのかもしれない。いつも心の片隅にあったそんな不安をのり越えることができたのは、ハルさんのお人柄のおかげです。覚えられなくても、うまくうたえなくても、稽古に行くのが苦に思われたことは一度もありません。ハルさんに会える、話ができる、それが楽しみでした。

何より嬉しかったのは、やむをえずお稽古につれてゆくこどもたちをかわいがってくださったことでした。こどもたちはハルさんを「かわいがってくれた、やさしいハルばあちゃん」として記憶しています。ご高齢で施設に暮らしている身であれば、季節の移り変わりや、自分と直接かかわりのない事柄に疎くなっても当たり前だと思うのに、「そろそろ運動会でねえか。おめは走るのは得意らか」といった会話をいつもこどもたちとしてくださっていました。「今日は少し熱があったのでこどもは預けてきました」と言ったとたんに、「そういうときに母親がのんきに唄なんてうとうてんたっていい（うたっていなくていい）。すぐ帰れ」と言われてしまったこともあります。

稽古を始めた頃は赤ん坊だった長男は、ハルさんが亡くなられたとき小学六年でしたが、ニュースを知って、「ハルばあちゃんって有名な人だったの？」と聞いてきました。血がつながっていると思いこんでいたのです。中学生になった長女は「お母さん、さびしいでしょ……」と言ってくれました。

そしてそのとき、私のそばにはもうひとり、ハルさんにかわいがられた思い出をもつこどもがいました。そのことはのちに書くことにします。

三　最初から道は険しい

さて、「瞽女唄」とは具体的にはどんな唄なのでしょう?

ここでその内容を少し整理しておきましょう。

一言で言えば、「瞽女さんがうたった唄」が「瞽女唄」です。瞽女さんのレパートリーはとてもたくさんあります。瞽女さんにとって唄は趣味やたしなみではなく、稼ぐための仕事。客の求めに応じてどんなものでもうたえるほうがいいし、新しいものもどんどん取り入れて芸に仕立ててしまう柔軟さももっています。品ぞろえの多いスーパーの方が人がよく入るのと同じですね。演目の数が多いというだけでなく、さまざまなジャンルのものをうたうのです。民謡、義太夫、端唄、長唄、どどいつ、新内、流行歌や手遊び唄のようなものまで、三味線にのりさえすれば何でもやりました。そしてそのひとつひとつが元のものとはちょっと違う、いわゆる瞽女節になっています。

さらに、そうした雑多な唄とは別に、瞽女さん以外の人たちはうたわない、瞽女の芸の核心となるものがあります。なかでも欠かせないのは、これを聴かなければ瞽女唄を聴いた気がしないとさえいわれる物語唄です。そのひとつが「祭文松坂」というジャンルです。一定の三味線にのせて一段、二段……と物語を進めていくので、通称「段もの」といいます。ハルさんは「だんもん」と言っておられました。唄と語りとの間のような形です。

『祭文松坂　葛の葉』

最初に習ったのはこの祭文松坂のひとつ『葛の葉』[1]でした。

ハルさんから習った祭文松坂は十三種類。そのなかでかつての瞽女宿で一番人気だったといわれる演目です。

このお話のヒロイン「葛の葉」は実は人間ではなく狐です。わけあって人間（葛の葉姫）の姿をかりて妻となり親となり、かりそめの幸せな暮らしをおくっていましたが、本物の葛の葉姫の登場により居場所を失い、元のすみかである森へ帰る決意をします。幼いわが子との別れがつらくて切なくて、という悲しい場面が続きます。

いわゆる初心者用の簡単な演目ではなく、難易度でいえば高いほうだと思うのですが、こうしたものからお稽古を始めること自体が、私にはとても新鮮に感じられました。教則本があるような世界ではありません。幼いこどものような場合は簡単な演目から始めるけれど、そうでなければ「使いでのあるもの」、つまり喜ばれるもの、やる機会の多いものから覚えるのがいいと、そういう考え方をするのですね。

ハルさんの『葛の葉』は四段で語られます。段というのは、長いお話を二十五分程度のまとまりで区切った、そのひとかたまりのことです。とはいっても、どこからどこまでが何の段、とはっきり決まっているわけではありません。ここらへんで一休みしようか、というふうに区切りはうたい手に任されています。ですから、たとえば客も自分も気分がすごくのってきたからこのままいこう、などその時々の都合で少し長めにうたって、通常四段でうたうところを三段でうたう、といったことも可能です。

まだお稽古を始めたばかりの頃はそのあたりのことがよくわからず、「今日は三の段お願いします」と言ったのに、先回やったはずのところとだぶって始まって戸惑う、そんなこともたびたびでした。

うたうたびに変わる

瞽女唄がどういうものなのかさえわからずに飛び込んでしまった私にとって、まず最初の難問がこの「即興性」でした。お手本にする師匠の唄が稽古のたびにくるくる変わるのです。

祭文松坂は、三味線を弾きながらうたうというよりは、唄と唄との間を三味線でつなぐ、というほうが近いような形です。まずイントロにあたる部分を三味線で弾き、続いて一分程度の唄がほんのわずかな三味線の音と共にはいります。それが終わるとまた三味線・唄・三味線・

一の段
旅のはじまり

三
最初から
道は険しい

唄……と交互に繰り返してゆくのです。この、三味線と三味線の間のひとくくりになっている唄の部分ひとつを「一流れ（ひとなが）」といいます。そして、文章でいうなら一行を「一言（ひとこと）」といいます。一言は七五調を基本とします。六言（ろっこと）一流れ、もしくは四言（よこと）一流れが基本です。

お稽古はハルさんがうたうとおりの「文句」を、ハルさんがうたうとおりの旋律でまねするところから始まります。「文句」というのは、歌詞のことです。瞽女唄では物語をうたうことを「文句をよむ」と表現します。

当然のことながら一言めには一言めの、二言（ふたこと）めには二言めの旋律があります。一時間ほどのお稽古で覚えきれるわけはないので、録音して帰り、次のお稽古までに「できるかぎりそっくり同じに」なるように自宅で練習して、よし！と意気込んで次のお稽古に行くと、前回とは全然違ううたい方をなさるのです。

私の頭のなかでは「この文句が一言め、次の文句が二言め……」と、文句と旋律がセットになっています。ところが先に書いたように、どこからうたい始めるかは決まっているわけではないので、たとえば六言一流れの場合、はじめの文句が一言ずれていれば、一言めで覚えた文句は二言めに、六言めで覚えた文句は次の流れの一言めの旋律になってしまいます。もっと大幅にずれている場合もあります。「できるかぎりそっくり同じに」しかできない練習のやり方では、もうまったくうたうことができないわけです。

お稽古のたびに変化するのは、「どこからうたい始めるか」だけではありません。文句そのものも、旋律そのもののも、もちろん三味線も自在に変化します。ときには文句の前後が入れ替わったり、一言そっくり消えてしまったり、逆に前はなかった文句が加わったり……。

考えてみれば物語を伝えればいいのですから、機械のように毎回一字一句ハンで押したように同じようにうたう必要はないのです。繰り返し繰り返し稽古して身にしみこんだ文句と旋律で、その場で臨機応変に物語を再現してゆく。

頭では理解したつもりでも、とりあえずはそっくりにまねてうたうしか方法がないわけですから、最初の頃は、「あ、また新しいうたい方がでた」「こう言い換えてもいいのか」「また別のメロディだな」「この文句をここに付け加えてもいいんだ」……と、一年くらいはいくらお稽古してもまるっきり前進した自信がもてず、これは私の能力では無理なのではないかとさえ思いました。

実はお稽古を始めて間もない頃は、四言一流れで習っていました。そのほうが覚えやすいだろう、というハルさんの配慮です。そして一の段、二の段と稽古が進み、「覚える」ことに少し慣れてきた頃、そろそろ六言でやってみろ、と言われたのです。ところがこれが簡単なことではありませんでした。

私は一流れ終わるごとに三味線が入るという進み方を、絵本を読むときのようにして把握していました。一場面を読み終えたらページをめくる、すると次の場面が始まる、というのとほぼ同じ感覚です。ページをめくる動作が三味線を弾く、になるわけですね。それなのに、いきなりそのページをめくるタイミングがずれるわけです。めくったら最初にこの言葉がでてくると頭にインプットしたのに、それがそこにはないのです。もう頭のなかはごちゃごちゃになってしまいました。その混乱がわかっていただけるでしょうか。

ほめ上手

ところが、小林ハルさんという方は大変なほめ上手でした。何をどううたっても、「ようした（よくできた）、よう覚えたのぅ」とほめてくださいました。嬉しそうにほめてくださるのです。そのお顔が見たくて、少なくとも前回うたっていただいたところは絶対に覚えていくぞ！と、必死で練習しました。お稽古にむかうとき、ハルさんのお住まい、胎内やすらぎの家が近づくとどきどきしたのが思い出されます。

私のこどもたちは、どの子も小学校一、二年になると、「おかあさんにおみやげ！」と言っては道端の石ころとか葉っぱとか、ときにはセミのぬけがらやだんご虫をもって帰ってきました。ああ、喜ぶ顔がみたいんだな、ほめてもらいたかったんだな、と。そんなとき、ただただハルさんの嬉しそうな顔が見たくて、ほめてもらいたくて通ったあの頃の自分を思い出したものです。

今では、いつのまにか私も自然に変化させて段ものをうたうようになっています。うたうたびに、一流れが五言になったり七言になったりしているかもしれません。文句もその時々によって違うかもしれません。

私のもとへお稽古に来てくださる方たちには、私自身がかつて経験したような混乱を感じなくていいように、まずいろいろな変化形を聴いてもらいます。ああでもいいのです、こうでもいいのですよ、と。その中からひとりひとりが自分の好きな、あるいはうたいやすいかたちを選んで、自分なりの骨組みをつくりあげうたいこんでゆくなかで、そのうち次第に変化させることを覚えるようになってゆくのです。

ですから、みなさんそれぞれに節回しや文句やうたいだし方が違います。必ずしも私と、あるいはハルさんとそっくりではありません。第一私自身が、またハルさんご自身が、うたうたびに違うのですから。瞽女唄とはそういう芸なのです。

四　寒声のトレーニング

『葛の葉』の一の段と二の段、あわせて四十五分ほどですが、場面はまったく動きません。登場人物も葛の葉（本当は白狐である母）と、その一人息子・童子丸のふたりだけです。ただひたすら母が子に語りかけ、子がそれに応える。

段ものを習得するうえで難しいのは「脚色、演出をしない」というところです。すべての祭文松坂に共通していることなのですが、ここは女性だから女の声で、ここはこどもだから幼い声でといった使い分けは一切しないのです。ここは明るく、ここは涙声で……そういうこともしません。

そのほうが簡単に感動を呼び起こすことができそうで、ついそうしたくなります。でもハルさんはそのようなうたい方をすることを嫌い、「芝居声（しばいごえ）使うのはおれたちのすることでない。そういうのを聴きたいしょ（ひと）には芝居見に行ってもらえばいいこて」と常々きびしく言っておられました。

三味線もそうです。ここは良いシーンだからもりあげよう、などと考えてはいけません。ただただ次の一流れへ自然につながるように、それだけを考えて弾きます。

ただ単に棒読みすればよい、音が鳴ってさえいればどんな三味線でもかまわない、という意味ではありません。伝えるべきなのは物語の中身です。聴く人がそれぞれに自分の頭のなかで物語を思い描いてゆくのです。うたい手の作為的な飾りをつけ加えることは、かえってその邪魔をしてしまいます。

「葛の葉の身になってうたえ」「童子丸の身になってうたえ」。それなのに「声色(こわいろ)を使ってはならない、声の調子をかえてはならない」と。難しい注文です。

私の演奏について、「あきない単調さというものをはじめて知った」と評されたことがあります。また別の演奏会では、「何の変化ももりあげもないのに、どうしてこれほどまでに心に訴えてくるのだろう」、あるいは「単調さを貫くことがうたい手の存在感をけすのではなく重くしている」と表現する方も。

単調、無作為と共存する感動。その不思議な魅力の根っこにあるのは、他のどの芸能とも重ならない独特の声と音の響きです。

声の秘密

ハルさんに尋ねてみたことがあります。「どうやったらハルさんのような声が出るんでしょうか」と。ハルさんの答えは「うとうているうちに出てくるもんだ」、それだけでした。

それならば、とやってみたのが「寒声（かんごえ）」の稽古です。真冬の川にむかって力の限りに声を出し続ける。ハルさんのご生涯について書かれた著作には必ずといっていいほど出てくるこの方法を、自分もやってみようと思ったのです。

私の自宅は海まで歩いて三分くらいのところにあります。早朝まだ暗いうちに浜まで走って行き、陽が昇る前に帰ってくる。こどもたちを家に置き去りにして出かけるわけにもいかず、やるなら夫がいてくれる夜明け前のその時間帯しかなかったのです。といっても寒さは苦手。その昔のハルさんのようにはとてもできません。何枚も重ね着をして、時間もほんのわずか。毎日通ったわけでもありません。「寒声の稽古」などと言えたものではない、ただのまねごとでしたが、それでも経験して初めてわかったことがありました。

自分の今までの声は、出しているつもりでも出ていなかったのです。新潟に住んだことのない方でも想像がつくと思うのですが、冬の荒れた日本海はものすごい強風です。うたおうと思って口をあけたとたんに、声を「出す」どころかのどの奥まで風が「入って」きてしまうのです。まるで風と自分とで押し合っているような、力くらべをしているような感じです。その感覚が、いつも耳にしているハルさんのうたう声の感触とぴったりと重なりました。

「一度つぶさねばならない声なんだ」

ハルさんはそう言っておられました。

ハルさんのお住まいは雪が多く、真冬の十二月半ばから三月半ばくらいまでは行くことができなかったので、そのあいだにこの「寒声もどき」をやってすごすことにしました。

そして三年めの冬を越えた春、「お前、声がわりしたみたいだのぅ」と言われたのです。ちょうどこの頃から、まだただ叫んでいるだけに近いものでしたが、お稽古をするたびに少しずつ「自分の出したい声」に近づいてくるような気がしました。同時に、即興性、変化、そしてその背後にある精神性なども含めて、瞽女唄という芸の本質とでもいうようなものがやっとわかり始めてきたように思います。

石の上にも三年、という言葉がありますが、私の場合は三年かかってやっとスタートラインが見えた……ということでしょうか。

五　自由はむずかしい

『葛の葉』にはもうひとつ難しい点がありました。「字あまり」がたくさん出てくるのです。「字があまる」、つまり文句が長すぎて、他と同じ形ではうたえない文句のことです。第三話でも書きましたが、祭文松坂の文句は七五調になっています。

されば によりては　これにまた
いずれにおろかは　なけれども
何新作の　なきままに
古き文句に　そうらえど

祭文松坂のどの演目にも使われるはじめの決まり文句です[2]。「毎度ばかばかしいお笑いを一席」とくると、それだけで落語の世界にはいってしまうのと同じ感覚ですね。これをかぞえてみると、はじめの二言は八・五になっていますが、この程度なら「字あまり」とはよびません。

ほかの部分と同じにうたっていては旋律にはまらない文句、それが「字あまり」です。多くはありませんが「字たらず」もあります。

「字あまり」がほとんどない演目もあるなかで、全体を通して多用されているのが『葛の葉』なのです。一の段、二の段をお稽古しているときは、ハルさんがうたうのをそっくりまねする方法でやっていました。しかしそのやり方では限界があります。

たとえば二の段中の

「今　この母が　すててゆくとは　ゆめしらず」[3]
「いやいや　このよのこと　いうておろうより」
「よんでにとりて　たずねきてみよ　いずみなる」

これらの文句が一言めに入った場合、二言めに入った場合、三言めに入った場合……全部違ううたい方になるわけなのです。前に書いたように、この文句が何言めになるかはそのときどきによって違ってくるわけですから、六言一流れで練習するなら、ひとつの文句に六通りのうたい方を丸覚えしておかなければならなくなります。次々にでてくる「字あまり」にいちいちそんなことをしてはいられません。

偶然出た変化

三の段くらいから、「おまえのうたいやすいようにやってみろ」ということになりました。ことに四の段はとても苦労しました。「字あまり」が次から次へと連続して、しかもそのひとつひとつが大幅に字数を超える場面があるからです。でもやっているうちにコツがわかってきて、こうもできる、ああもできる、その自由さが面白くも感じるようになっていきました。唄として旋律を付け加える感覚でやってもいいし、語りとしてだめ押しをするようにかさねてもいいいし、あいだで切って「字たらず」がふたつ連続するかたちにすることもできます。ときにはハルさんから、「おれのはめ方よりお前の今ののほうがいいのぅ」と言っていただくこともありました。

四の段のはじめのほうに出てくる、「かかさまに会いたい　お乳が飲みたい飲みたいと」[4]という一言には特に思い出があります。

お稽古のときについ口が滑って、「かかさまに会いたい　お乳が飲みたい飲みたい飲みたいと」と、「飲みたい」を三回重ねてしまったのです。間違えた、と指摘されるかと思いましたが、ハルさんはむしろそういう変化形が出てくるようになったことを喜んで、「全然かまわない、そっちのほうが面白いかもしらん」と言ってくださいました。

この自由さが、瞽女唄の楽しいところでもあり、また同時に難しいところでもあります。弟子たちがよく言うのは、「こうしなさい」ならば頑張ってそうできる、でも「どうでもいいんですよ、好きにつくってね」と言われるとどうしていいかわからない、ということです。確かに手本どおりではなく自由に演奏できるようになるには、ある程度の熟練が必要です。

瞽女唄のお稽古は、覚える・まねをするところから始まりますが、そっくりにできたとしても、それは最初の一段階にすぎません。人に何かを伝えたり人を説得したりするには、借り物の言葉ではない自分の言葉が必要なように、物語を伝えるためには、自分のリズム感や自分の語感で語ることが必要なのです。

「曖昧さ」も瞽女唄の特徴

こうした瞽女唄の「自由度の高さ」、言葉を変えると「曖昧さ」ともいえる特徴は、いろいろなところに現れています。

そのひとつが「発音のゆれ」です。

先に例としてあげた文句のなかに「よんで」という言葉が出てきます（三十三ページ）。これは標準語で言えば「ゆんで」。漢字で書けば「弓手」、左手のことです。「めて（馬手）＝右手」と対になる古い言葉です。「よ」と「ゆ」が曖昧なのは越後の方言の特徴で、同じように「い」と「え」も逆になったりします。さて、うたい手が越後人でない場合は、このような文句をどう発音したらよいと思いますか？

答えは「どちらでもよい」です。よその土地の方言ではどうにも不自然で自分がのれない、というならば無理にまねをしなくてもよし。自分は越後人ではないけれど、この発音が趣があって好きだとか、いかにも瞽女唄らしく感じるとか、ハルさんの録音のその部分が好きだとかいうことであれば、そのままでもよし。かつての瞽女さんたちもそうだったはずです。

日本地図をひろげて新潟県をじっくり見ていただくと、なぜどちらでもよいのか、その理由がわかります。独自の文化と歴史をもつ佐渡を別としても、東西にも南北にもかなりの距離をもつことがわかります。接している隣県は、富山・長野・群馬・福島・山形と五つもあります。越後としての共通項はもちながらも、少し離れただけで少しずつ文化が異なります。言葉だけでなく、食べ物や生活習慣も、長野寄りだったり山形寄りだったりでさまざまです。

のちに詳しくふれますが、瞽女には地域ごとに「組（くみ）」とよばれるグループがあります。それぞれ節回しも少しずつ違い、それぞれにおおまかな縄張りがありました。細かく見ていけば、瞽女たちは必ずしも所属する組の縄張りの出身であるとは限りません。旅の先々で頼まれて養子または弟子にすることもあるし、何かの理由で組をかわることもあります。住まいも何度もかわることがあります。これまで一度も一緒に稽古したことがない相手と同じ組になって旅をすることもあります。雑多な方言・なまりがまじりあうのがあたりまえなのです。そんななかで、全員の発音やいいまわしをこまかいところまでひとつに統一するのは不可能です。文字で書いた台本があるような世界ならばできるかもしれませんが、瞽女たちはそうではないのですから。

他にもあります。『葛の葉』の三の段には「葛の葉姫」がふたり登場します。保名（童子丸の父）のいいなずけである本物の「葛の葉」と、その葛の葉の姿を借りて童子丸を産んだ白狐の「葛の葉」と。そのため、このお話のあらすじをよく知らない人がはじめて聴いたときにはわかりづらい部分があるようです。私は本物の葛の葉姫をさすときは「まことの葛の葉」とうたうように心がけていますが、必ずというわけではありません。師匠・ハルさんも「まことの」をつけたりつけなかったり、その時々でいろいろでした。このお話をよく知っていて何度も聴いたことがある人には、両方とも「葛の葉」で十分わかるのですね。かつての瞽女宿では、おそらくそのような配慮は必要ないほどのおなじみの演目だったのでしょう。


わかりやすいいくつかの例を挙げましたが、瞽女唄をうたうときに「録音に残されたものを一字一句違わないように丸覚えして再現する」ことは意味がないのだ、ということが理解していただけたのではないかと思います。

人それぞれでかまわないし、むしろ人それぞれでなければならないのです。

瞽女唄は「文化財」だから「保存」しなければならない。そう言われることに実は私は違和感をもっています。過去のものと決めつけて、現在を生きる私たちと切り離しているように感じてしまうからです。「生きた芸」として伝え楽しんでいただきたいし、うたい手として楽しんでいきたいのです。日々流動する世の中にあって、ゆるやかにその形を変えながら、聴き手とうたい手に寄り添うような芸。深く知れば知るほど、瞽女唄にはその価値と魅力があるとも感じています。

六　目に頼らない

お稽古を始めて一年が経った頃、お稽古場をはなれて一般の方に私の唄を聴いていただく、という話がもちあがりました。

先に書いた通り、瞽女唄がどういうものなのかわかりかけてくるまでが三年。それよりもずっと前のことです。いくつかの唄を覚えてはいましたが、どれひとつうたいこなせるわけでもなく、ただ覚えたというだけ。肝心の声もできておらず、「まだ早いです、こんなものを聴いてもらうなんて無理です」と言ったのですが、「聴いてもらいながら上達するものです」と半ば強引にすすめられて、断ることができませんでした。

それならば、いきなりひとりでやるのではなく、せめてハルさんと一緒にうたう機会をその前にもちたいとお願いして、胎内やすらぎの家の広間で、ハルさんとおなじみの入所者さんたちの前でうたわせていただいたのです。

初舞台

一九九五年八月三日。この日が私の瞽女唄の初舞台です。
中心演目は『祭文松坂　石堂丸[5]』でした。

ここでひとつお断りしておかねばなりません。このように文字で書きますと、使っている漢字にご意見やご質問がくることがあります。耳で習っている私には「石堂丸」「石動丸」「石童丸」その他どれが正しいのか、どれが一般的なのかわかりません。いっそ「いしどうまる」とひらがなで書きたいくらいなのですが、それでは読みにくいので便宜上適当になにがしかの漢字をあてて書いています。これに限らず文句や名前など、唄の内容にかかわるものはすべてそのようにしていることをご承知おきいただきたくお願いします。

さて本題に戻ります。初舞台にこの演目を選んだ理由はただひとつ。ちょうどその頃お稽古していたのがこれだったからです。

弟子入りしたとき、ハルさんは九十四歳。今日はお稽古できても次はないかもしれない、私の気持ちのなかでは一回一回がそんな切羽詰まった緊張感を伴っていました。そのときは十年を超える時間をともに生きることができるとは思っていなかったのです。私のその思い込みが、わずか十年ほどではあっても、深い師弟関係を築くことを可能にした一面もあったのかもしれません。ともあれ、時間を惜しむようにして、どんどん新しいものにとりかかりつつ、同時に発表の準備もするような能力がなかった当時の私にとって、選べるのは『石堂丸』以外にありませんでした。

これをやるにあたってハルさんから提案がありました。「一流れをおれがやるから、次の流れをお前がやれ。そうしてかわるがわるに一流れずつうたうんだ。昔の覚えっ子（初心者）はそうしたもんだ」と。

びっくりしました。とてもできませんと。ハルさんは前述のとおり自在に変化させてうたうので、もしハルさんが一言とばしたり増やしたりすれば、もう私は次を続けられなくなってしまいます。今考えてみれば、もしそうなってもこだわらずに続けていけばいいだけなのですが、当時の私はそれがわかっておらず、また当意即妙に形や順番を変えて話をつなげるような技量ももっていませんでした。結局、はじまりの三流れほどをハルさんにうたっていただき、そのあとを私がうたう形をとりました。

声が出るとか出ないとか、言葉がどうとか息継ぎがどうとか、三味線をどこにどう入れようとか、考える余裕はありませんでした。ただただ「物語を途中で切ってはならない。最後までうたい切らなくてはならない」それだけでした。上手だったはずはありません。それなのにハルさんはおおげさなほどにほめてくださいました。「ようした、ようできた。よう稽古した。これだけうたわれれば一丁前だ」と。

目に頼らない

そのときの様子を文章にしようと思って記憶をたどっても、何も覚えていないことに気がつきました。それほど緊張していたということなのでしょう。初めての人前での演奏だったことに加え、「何も見ないでうたう」ということが緊張感を高めたのです。頭が真っ白になって冷や汗をかきながら呆然としている、そんな状態になったらハルさんに大恥をかかせることになってしまうのではないかと。

このときから現在まで、さまざまな場所で多くの演奏の機会をいただいてきましたが、私は瞽女唄を聴いていただくときに見台や譜面台を使うことはけしてありません。私だけでなく弟子たちもみなそうです。ハルさんとの約束だから守っているとか、そうするように心がけているということではなく、「目で見ることに頼らないでうたう」のはごく自然なことなのです。

もとは目の見えない人の芸であっても、私たちのような晴眼者がうたうのであれば譜面や台本を前に置いて見ながらうたってもいいのではないか……そう思われる方もあるかもしれません。でもそれは違います。

「目に頼らないでうたう」「耳で伝える」ということは、いでたちや慣わしなどとは違う、「瞽女唄」が「瞽女唄」であるための、芸としての根幹に関わる部分なのです。

同じく盲目の人たちによってはぐくまれてきた芸に津軽三味線があります。津軽三味線の始祖・仁太坊（にたぼう）の母親は越後の瞽女であったと伝えられています。仁太坊自身が瞽女から習ったという説もあるそうですが、いずれにせよ瞽女唄が津軽三味線のルーツであることは間違いありません。両者は三味線の弾き方も音色もまったく別物でありながら、非常に似た曲があります。また双方それぞれに独特の響きがありながら、源流を同じくする芸ならではの共通点があります。「荒さ」「迫力」と言ったらわかりやすいでしょうか。根底に同じものが流れているのです。

津軽三味線も瞽女唄と同じく、現在の担い手は盲目である必要はありませんが、他の楽器とのセッションなどでもない限り、譜面を見ながら演奏されることはまずありませんね。もちろん、一番はじめに習うときは多くは譜面を使うわけですが、譜面を見て上手に弾けても、それはお稽古場での第一段階にすぎません。譜面を離れたら弾けない状態では、一人前に弾けるとはみなされないのです。愛好家ではなく演奏家であるためには、即興性やオリジナリティが必須であることは多くの方がご存知だと思います。そうした即興性やオリジナリティは、譜面を見て譜面どおりに弾くことを目標としていてはけして出てきません。

譜面台を前に置いて演奏する津軽三味線……どんなに上手であったとしても、「聴く人に訴える力」をまるで感じないであろうことは、津軽三味線に詳しくない方にも納得していただけるのではないでしょうか。実際、そんな奏者を見たことはありません。津軽三味線に限らずとも、台本を見ながらしゃべる落語なんて愛好家レベルでもありえませんし、官僚の書いたメモに頼りきりの政治家も人気がありませんね。

「見ながら」では人の心を打つことはできないのだということが、瞽女唄でも当然のこととして認識されるようになるといいな、と思っています。

「見ないで演奏する」ためには、ただでさえむずかしいお稽古のうえに、さらにいっそうの努力が必要になってきます。緊張して頭が真っ白になったとしても最後までうたい切れるように。繰り返し繰り返し寝ても覚めても唄のことを考えて暮らすような、そんな地道な努力が必要なのです。

使えるものはすべて使う

私はお稽古に来てくださる方たちにこう言っています。

「昔の瞽女さんも覚えるときは自分のもっているものすべてを使って覚えたはずです。ただ見える目をもっていなかったので、目は使えなかったというだけのことです。使えるものはすべて使いましょう。目が見えれば目を使ってよいのです。嗅覚も皮膚感覚も、便利な時代に暮らしているのですからパソコンでもスマホでも、録音機でも、CDでも、自分が覚えるのに有効だと思ったらどんどん使っていいのです。ハルさんもそうおっしゃっていました。一生懸命に習うということはそういうことなのですから。

ただ、人の前でうたって聴いていただくときは見ないでうたいましょう。そうしたら初めての演奏の後には、たとえ上手でなくても必ずほめてもらえます。『よくこんなに長いものを覚えましたね、頑張ってお稽古したんですね』と。

私もハルさんにそう言ってほめてもらったんです。昔の幼い瞽女さんもそうだったはずです。瞽女唄はそこから始まるのです。見ることができないからこそ必死に稽古する、その努力と本気が、聴く人の心を動かすのです」

七　時折見せる素顔

祭文松坂の演目のほとんどは、登場人物に心を寄せてしみじみと時を過ごしていただく、いわゆる「泣きもの」です。とりわけ人気の高いものの多くは「子別れもの」です。訳あって別れなければならない親と子、名乗るに名乗れない事情をもった親と子など設定を変えながらも、いずれも「親子の情愛」を描いています。いつの世にも変わることのないテーマとして好まれ、また大切にされてきたのでしょう。

これまでふれてきた『葛の葉』『石堂丸』『巡礼おつる』などがそれにあたります。このうち『葛の葉』だけはその人気のためか、特別に『葛の葉子別れ』ともよびます。

『八百屋お七』は大筋は親子の情愛ではないのですが、話が進んでゆくなかに「子別れの段」ともいうべき部分があって、そこが聴かせどころのひとつになっています。

さて、これはそんな『八百屋お七』をハルさんから教えてもらったときのお話です。多くの人がもっている、苦難に耐えて生きた強い人、というイメージと少し違うハルさんの表情をはじめて見たのがこのときでした。

言葉遊びの魅力

『八百屋お七』は江戸時代の実話から作られた人気の高い演目です。火事で焼け出されたときに避難所となった寺で小姓の吉三に一目惚れしたお七は、「またも我が家を焼いたなら　恋しい吉三に会わりょかと」と、ついに火付け（放火）をしてしまう、というお話です。これには「泣きもの」とはちょっと違う魅力があります。「言葉遊び」です。

たとえば一の段の始まりに「年(とし)ははちで」と出てきますが、これは二×八＝十六、つまり十六歳という意味です。聴いた瞬間にはあれ？と思い、少しだけ考えを巡らせて、なるほど、とうなずく……。実際にお客様の前でうたうと、この微妙な時間のずれが場の雰囲気をなごませるのがわかるときがあります。絶妙な「つかみ」になっているのです。

また、お七が吉三に会いたいと思いつめ、夜中に寺へ忍んでゆく場面に登場する「虫尽くし[6]」はこんな具合です。

草の中にも虫づくし
虫にもいろいろあるなかで
機織(はたお)り虫のせわしさよ
心涼める鈴虫や

誰を待つやら松虫は
せわしきそうにてなきあかす
朝夕こがるるくつわむし
中で憎いはきりぎりす
お七が心も知らずして
あけくれ恋しい吉さんを
思いきれきれきれとなく

「涼める」から「鈴虫」へ。「待つ」から「松虫」へ。「きりぎりす」から「おもいきれきれきれ」へ。発音からつながるいわゆる連想語の技法です。声に出して読んでいただくと、そのおもしろさがよりわかっていただけるものと思います。文字を介在させずに耳から受け取る芸能ならではの利点をいかしていますね。

このほか「鳥尽くし」「忠臣蔵尽くし」「青物尽くし」や、ひとつふたつと重ねてゆく「数え歌」ふうの文句、語呂合わせなど、さまざまな言葉遊びが次から次へと登場し、折り重なるそれらを追いかけているうちに、物語はお七の火あぶりという悲しい結末へ導かれてゆきます。前半部分と、火付け火あぶりにいたる後半部分とではかなり異なる雰囲気をもっていて、ことに前半はうたっていても楽しくなるような、おしゃれな印象があります。

高尚なものではない

『八百屋お七』には言葉遊びに加えて、瞽女唄に高尚なイメージをおもちの方の考えをくつがえすような文句もあります。全五段のうち四の段にある「初床入り」[7]部分です。

お七帯とけ床いそげ
（中略）
わしゃ恥ずかしいというままに
口水仙のたまつばき
手足はしっかとからみ藤
からみついたよ藤の花
色紫のほどのよさ
五尺からだのまんなかに
しめつよろみつはつつづみ
うちだす音色のおもしろさ

きれいな言葉が並んでいますが、たとえばこれを絵にしたら……と考えるとちょっと驚かれる方も多いのではないでしょうか。

これはまだ上品な言い回しのほうで、瞽女唄にはもっと直接的な文句もたくさんあります。たとえば『へそ穴口説き(くどき)』という演目は、おへその穴が「ご近所の穴たちはいいなあ、自分はなんてつまらないんだろう」と身の上を愚痴る、いわゆる「笑いもの」なのですが、ご近所の穴といえば口や鼻や耳、そしてもっと近くには……というわけで、まさにそんな感じの文句の連続です。『瞽女万歳』という演目のなかにも同様の文句があります。

こうしたものを教えてくださるとき、ハルさんは恥ずかしがって、「おれはこんなのいやなんだ、こういうのが好きなしょ(ひと)もいて困るんだて」「おめはこういうのやられっかね(うたうことができるかね)、どうだね」と、少し顔を赤らめて、もごもごニヤニヤ。その様子はふだんのハルさんからはちょっと想像できないものでした。

かっこいい登場人物たち

ハルさんがとてもかわいらしく感じられた、そんな思い出は他にもあります。

『祭文松坂　赤垣源蔵』の稽古のときのことです。

うたいだしに「義士本伝のそのなかに」とあるように、主人公の源蔵は「忠臣蔵」で討ち入りに参加した四十七士のうちのひとり、赤埴重賢(通称、赤埴源蔵)を擬しています。この物語は「赤穂義士伝」ともよばれ、歌舞伎、講談、浪曲、さらには小説、漫画、テレビドラマや映画にいたるまであらゆる形で庶民に親しまれてきました。『八百屋お七』と同じく、実際に起こった事件をもとに作られたのですが、両事件の間は二十年ほど、ほとんど同時期です。当時の世相や文化という面でも興味をそそられます。

討ち入り前夜、兄の塩山伊左衛門の屋敷へ今生の別れを告げにゆく源蔵ですが、兄は折悪しく留守でした。多くの義士たちがそうであったように、源蔵もまた討ち入りの意志を隠して暮らしていたため、兄嫁のおまきも、女中のおすぎをはじめとする家来たちも、源蔵を「あの飲んだくれの源蔵さん」と軽んじてまともに相手をしてくれません。

同志との約束の刻限が迫り、これ以上兄の帰りを待っていては間に合わぬと、源蔵はおすぎに頼みごとをします。

これのいかにおすぎやえ
兄上ふだんのご紋付　ちょいと拝借願いたい

最後までできそこないの厄介者の弟を演じつつ、胸の内には万感の思いを込めて兄の着物を相手に酒を酌み交わす源蔵。この場面は「とっくり別れの段」[8]と呼ばれており、この物語の見せ場のひとつです。

鬼をもひしぐ赤垣も
溶けて流るる血の涙
無事に別れをつげられて
降りくる雪のその中を
いそいでこそは行かれける

稽古場で二の段をうたい終わって思わず「源蔵ってかっこいいですよねぇ」と言う私の言葉に、ハルさんはふわりと笑顔をみせて「あ〜、かっこいいのう、宗五郎とどっちがかっこいいろうのう、あんたはどっちが好きだね」と。

「宗五郎」というのは同じく祭文松坂にある演目のひとつ『佐倉宗五郎』の主人公です。この物語も、詳細は諸説あって年代もはっきりはしていないそうですが、実際の事件をもとにしており、歌舞伎などほかの芸能でもヒーローとして人気を博してきたところも『赤垣源蔵』と同じです。佐倉宗五郎は、下総国佐倉藩領（現在の千葉県）で苛政に苦しむ農民を救うために、自分の身を犠牲にして将軍に直訴した義民として知られています。瞽女唄の祭文松坂では七段前後に語られる長い話で、死罪覚悟で直訴を決意する場面や、追手と戦う場面など見せ場がたくさんあります。なかでもかっこいいと感じるのは、昔命を助けた船頭と再会する「印旛（いんば）の渡し船止めの段」や、故郷に残した妻子に別れを告げる「親子別れの段」でしょうか。

死への道づれにしないために妻子に別れを告げ、三行半（離縁状のこと）を差し出す場面では宗五郎だけでなく、妻のおせんのかっこよさも印象に残ります。

良きときには添う　悪しきときには切れるような
愚痴なおなごではないわいの
あなたがかご訴をなさるなら
私も一緒にかご訴せん
いかに気強いおなごじゃとて
現在夫の身の上を切れるような
愚痴なおなごじゃないわいと
三行半をとってなげ

わが女房でほめるじゃないが
達者に生まれたよいおなご
なれどもおせん聞いてたべ
わしとお前と今ここで
ふたりでかご訴をするなれば

三人子供の身の上が
ただいま命のないごとく
そなたはあとへながらえて
われが死んだるその後で
三人子供を育て上げ
とい弔い香花頼むぞと

ハルさんはこれらのふたつを「男もの」と呼んでいらっしゃいました。どちらも何度よんでもほんとうに「かっこいい」ですね。

大切な文句

もうひとつの思い出は『瞽女松坂』のことです。

この唄はいわゆる「門付け唄」のひとつです。かつて旅をしていた瞽女さんは、泊めてくださる家「瞽女宿」に荷をおろすと、近所の各家を一軒一軒訪れ、軒先や玄関先で短い唄をうたいました。村の人たちはそれを聞いて、「ああ、今年も瞽女さんがきたなあ」と感じる。瞽女さんの方からいえば「今年も来ましたよ、今晩聴きにきてくださいね」と、そんなごあいさつがわりの唄。それが門付け唄です。

ハルさんが伝えた門付け唄は『瞽女松坂』と『庄内節』、それに段ものの『葛の葉』の最初をちょっとだけうたう『門付け葛の葉』の三つです。このほかに、正月十一日に長岡の町でだけうたったという『しょんがいな』があります。ほかに短い民謡などをつかってもいいということでしたが、長岡瞽女の門付け唄として記録にある『岩室くずし』はハルさんのレパートリーにはありません。

あらたまの　年の初めに　ふでとりそめて
　よろずの宝を　かきとめる

わが恋は　遠山かげの　あの沢の雪
　いつうちとけて　深くなる

『瞽女松坂』の文句はこのふたつがよく知られています。ハルさんがもう少し若い頃に録音や文字などの記録をとってくださった方があり、そのときにハルさんが使った文句がこのふたつだったからです。私もはじめはこの文句で習いました。しかし実はこれ以外にも、さまざまな文句でうたうことができます。何かのお話のついでに思い出した、と言ってはひとつ、また二年くらい経ってからそういえばこんなのもあった、とまたひとつ……そんなぐあいに長い時間をかけて、いくつもの文句を教わりました。

私とあなたは恋(濃い)仲よ[9]
だれか水さしゃ　薄くなる

なかでもこの文句を私は大切にしています。

私がお稽古に通うようになってからも(ハルさんはもう九十歳をとうに過ぎておられましたが)、「こんなばあさんの唄聴きたいと言うてくれるとはありがたいこんだ」と、請われるままにたびたび唄をご披露されていました。私が初めてハルさんの唄に接したときの演目も、この『瞽女松坂』であったことは前に書いた通りです。

二〇〇一年十二月に、生まれ故郷の名誉市民になったことを記念して胎内やすらぎの家で「瞽女唄をきく会」が催され、そのときハルさんがうたわれたのも、この『瞽女松坂』でした。

ハルさんはすでに三味線を弾くことが難しくなってきていたので、三味線は私がつけました。そのとき本番のステージの上ではじめて聴いたのが、この「私とあなたは恋仲よ……」の文句だったのです。突然のことでしたし、もうかなりの数の文句を教わっていたので、それですべてだと思っていた私は、三味線を弾きながらびっくりしました。終わってから「ハルさん、さっきの文句は?」と確認したところ、「いつかお前に聴かそうと思ってたんだ。はじめてだったろう？　のったかのぅ」とおっしゃったのです。「のったか」というのは、ひさしぶりに三味線に合わせた文句だったのでうまくあったかどうか、ということだったのでしょうか。あるいはこの文句をお客様が楽しんでくれたか、ということだったのでしょうか。

この演奏会は先ほどの「源蔵」と「宗五郎」の会話から間もない頃でした。そのときに思い出したのかもしれません。そしていつかふさわしいときに使ってみせてやろう、驚かせてやろう、とお考えになったのではないだろうか。そう考えるとしっくりくる内容の文句ですね。

このときのハルさんの表情を私は忘れることができません。愉快な、ちょっといたずらっ子のような……。

過酷な運命を生き抜いた強い人、と一言でくくられることの多いハルさんですが、私の胸に残っているハルさんは厳しいばかりの、怖いストイックな人ではありませんでした。よく笑い、冗談を言い、常に穏やかで、けして人には悪い顔を向けないけれども、ときには腹を立てることだってある……そんな方でした。

二の段　道はつづく、奥深くへ

「さずきもんさえ大事にしてりゃなんとかなるもんだ」

八　芸はそのまま「人」

ある日たまたま、書店で平積みされた雑誌の表紙の片隅に、ハルさんの写真が小さく載っているのを発見しました。以下は、一九九八年にある生活情報誌に掲載されたインタビュー記事のなかで「今、稽古に通ってくる人もいるんですね」という問いかけに答えたハルさんの言葉（抜粋）です。

萱森さんいいなって、女子の人だ。私、弟子の十二、三人もさかしたろも、こんなにできる人はあんまりいなかった。

事務所のほうでおれがどんげ難儀だろっかって気い使う(つこ)てくれるろも、疲れるなんてことはねぇ、何時間でも大丈夫だ。

稽古ばっかでね、ちょうどお話しできて、いい気晴らしになるあんだが。

ありがてことです。
子供を持たねおれにすれば、自分の子どももとおんなじだ。
ただ、唄はもう十分できたんだすけ、やめたってもいいあん。
来るなとは言わねども、かかり（お金）のかかることだすけ。
家のことが疎かになってはなんねえ。
何も瞽女になるんでね、遊びでやるあんだ。
自分の身都合ばっか考えねで、家内の和合、ご主人さまと子どもが何より大切だ、
そういうこどから考えねば、満足にならんねあんだと教える。
そうすると、お前さまに教えてもろうてありがてぇて言う。

――『月刊キャレル』一九九八年二月号より

ちょうど訪問できない冬だったこともあり、ハルさんからはこの取材のことは聞いていませんでした。書店で偶然手にとったこの雑誌を、私は今でも大切に保管しています。

唄バカと呼ばれる

この記事が出たのは、お稽古を始めてからまる四年になろうという春のことです。三年を過ぎた頃から瞽女唄というものがようやくわかりかけてきたように思えた、ということは前に書

きましたが、同時に、ハルさんの言葉もほぼ百パーセント聞き取れるようになっていました。実はハルさんの言葉には強いなまりがあり、加えて歯がないために発音が不明瞭だったこともあって、最初の頃は半分くらいしか聞き取れていませんでした。たとえて言えば、知らないわけではないけれど、あまり得意ではない外国語で会話しているような状態だったのですが、徐々にわかるようになるにつれて会話も弾むようになっていました。この頃から、互いに心の内面を見せ合うような、またそれを受け止め合うような、そんな会話もするようになっていました。

この記事を読むと、ハルさんは私に「瞽女唄」を教えているが、「瞽女」になれとは言っていないのだということがはっきりとわかります。私も、この人の芸を受け取りたいとは思っていましたが、「瞽女」になる気は毛頭ありませんでした。このことは、宣言し合ったわけでも、話し合ったわけでもありませんが、弟子入りしたときから当たり前のこととしてお互い認識していました。なぜならすでに「瞽女」の歴史は終わりを迎えていたからです。

戦争を境に、越後の人々の暮らしも瞽女を迎える余裕を失い、またその後さまざまな娯楽が登場するなかで、瞽女は必要とされなくなっていきました。瞽女の側からいえば商売が成り立たなくなったということになります。同時に障害者福祉という言葉が認識されるようになり、目の見えない人の生きる道は瞽女か按摩しかないという世の中ではなくなりました。

ハルさんは胎内やすらぎの家に入所する前に、新発田市の「あやめ寮」という養護老人ホームに入所しています。一九七三年のことです。このときハルさんは、「瞽女」を廃業すると決意し、三味線も手放しました。その後、請われるままに再びうたったり教えたりするようにはなりましたが、ハルさんご自身も正確に言えば「もと瞽女」になっていたのです。先のインタビュー記事でも、胎内やすらぎの家についてこう答えています。

こういうところができたからよかったんだ。
そでねば、おらみてなもんが、どこ行き場あろば。
ここは目の見えねしょばっかりだから、何の気兼ねもない、寒くもね、食べる心配もね、不自由ねぇ。こんな、幸せなこと、ありましょうば。

ハルさんは私のことをよく「唄バカ」と呼んでおられました。「おめぇみてな唄バカには会うたことねぇ」とか「そんげんもんまで覚えてぇんらか（そんなものまで覚えたいのか）。ほんに唄バカてんはそんがんもんらかの（まったく唄バカというのはそういうものなのかね）」とか。商売する必要もないのにあきれるほど好きなんだねぇ、というわけです。私はそのように唄バカと呼ばれるのが好きでした。

ところが世間の受け取り方は少し違うようで、演奏の前に「瞽女」であるかのように紹介されることがあります。そのようなときは、「すみません、私は瞽女じゃないんです。ただの唄好きなんです」と付け加えます。よく写真で見るような瞽女姿でうたってくれと言われることもあります。もちろんお断りします。もしも私がそのような作り物のニセ瞽女姿でうたうなどしたら、ハルさんはものすごく怒るでしょう。

瞽女の誇り

「妙音講」という瞽女の祭りがあります。年に一度瞽女たちが集まり、音楽の守り神である弁財天に唄を奉納し、唄声を競い合い、「瞽女縁起」「瞽女式目」がよみあげられ、お斎（とき）（精進料理）をいただくのが楽しみだったといいます。この日には瞽女以外の役人などを招いたり、旅に必要な合羽や日用品などを売る露店もたちならぶなど、にぎやかな行事だったそうです。保存・伝承活動の一環として、この「妙音講」の再現・復活が毎年行われており、そのたび新聞やテレビなどで報道されていました。これをハルさんもご存知だと思ったので、お稽古のとき「今年も妙音講がおこなわれたそうですよ」と言ったところ、ハルさんの反応は意外なものでした。

「つねに弁天様おがんでねぇもんらが妙音講やったたってなんになるもんでもねぇ」と。かなり強い、怒りを含んだ口調だったのです。ハルさんが喜ぶとばかり思って挨拶代わりに話した私は一瞬言葉を失ってしまいました。

その当時、ハルさんを悩ませる訪問者たちによる不快な出来事が続いていたので、それと関連してのことだったのかもしれません。催しものとしての再現・復活が悪いと言っているのではなく、日常の努力や心がけもない者が、形ばかりの妙音講で瞽女の末裔であるかのような思い違いをしてほしくないと、そのような意味だと受け取りました。

このとき以来、私は心に決めています。絶対に自分が瞽女であるかのようなふりはしないと。ただ好きでやっている自分が、「瞽女の誇り」を侵すことは許されない。そのかわり、唄で、瞽女さんたちのありのままの姿がうかびあがってくるような、そんな芸を作り上げようと。

瞽女でない自分がうたわせていただくのだからなおのこと、多くの瞽女さんたちがそうしてきたように、師匠の声で耳に入ったものを、そのまま自分の口から皆様の耳にとどけようと心がけています。口から耳へ。耳から口へ。長い間その連続で、瞽女唄はハルさんのもとにたどり着きました。ハルさんにたどり着くその前にも、多くの、名前さえも残さなかった瞽女さんたちがいたのです。

録音や映像や書き物を通してではなく、「人」を通して綿々と伝わってきた。その歴史の流れのなかに身を置いていることを、誇らしく感じています。「瞽女の誇り」とは違う「瞽女唄うたいの誇り」ということになりますね。晴眼者の自分が瞽女唄にかかわることの意味は何なのだろう？　そう考えて不安になったときの、私の拠り所となっています。

さて、もう十分できたんだからやめたっていい、とインタビューに答えたハルさんですが、実はその頃すでに、お稽古を新しい展開へ導いてくださっていました。高田の瞽女唄への取り組みです。

九　高田瞽女・杉本シズさん

一口に越後瞽女といっても、浜瞽女、山瞽女、刈羽瞽女、新飯田瞽女など、さまざまなグループがあり、地域によってその組織や修業のやり方、しきたりなどの暮らしぶり、また旅回りの行き先などにも違いがありました。もちろん芸風もそれぞれの特徴をもっていました。なかでも、大きなグループとして長岡瞽女、高田瞽女のふたつがあります。

シズさんとの出会い

私が小林ハルさんに弟子入りしたとき、そのお住まいである胎内やすらぎの家には、もうひとりの瞽女さん、杉本シズさんも住んでおられました。小林ハルさんは「長岡瞽女」、そして杉本シズさんは「高田瞽女」でした。

小林ハルさんがここに入所したのが一九七七年。親方の杉本キクイさんを亡くし、最後の高田瞽女となった杉本シズさんと手引きの難波コトミさんがここに入所したのは一九八四年です。ハルさんが身なりを整え、シズさんとコトミさんふたりをにこやかに迎える写真が残っています。このときハルさんはおふたりに、「今日からは私が及ばずながら高田のおかあさんのかわりをさせてもらいます」と言葉をかけたそうです。高田のおかあさんというのは、シズさんの師匠の杉本キクイさんのことです。

胎内やすらぎの家は、それまでまったく交流をもたなかった高田瞽女と長岡瞽女とが初めて出会った場所でもあったわけです。

高田と長岡の瞽女唄ではうたい方や演奏法がかなり違います。「ポップスと演歌」とたとえてもいいほどに異なった感覚があります。それなのに他の芸能とはまったく重ならない、瞽女唄独特の迫力と情緒は共通していて、一声聴けばすぐ「瞽女の唄だ」と認識できるのです。

さまざまに形を変えてもゆるがずに、その底に流れる「瞽女唄の芯」ともいうべきものは何なのだろう。長岡の唄と高田の唄、両方を学ぶことができたら、それが見えてくるのではないだろうか……。瞽女唄を習い始めたときから、できることなら高田の唄も覚えたいという気持ちをもち続けていたのですが、それはなかなか実現しませんでした。

理由はいくつかあります。ハルさんとの稽古が深まってゆくにつれて、その圧倒的な力量と「瞽女唄」という芸の難しさに触れるほどに、長岡のものだけでものになるかどうかわからないと感じていました。そのうえに高田の唄も習うなんて自分の能力ではとうてい無理なのではないか、とも思うようになっていました。それに加えてハルさんに弟子入りしていながらシズさんからも習う、というのはハルさんに対してもシズさんに対しても非礼に当たるのではないかというためらいもありました。

一番の懸念はシズさんご本人の気持ちでした。シズさんはずっと、「教えるのは絶対いやだ。うたってくれというのならうたってやるけれども録音なんてしないでくれ」とおっしゃっていたのです。ハルさんに弟子入りしたときも、もしかしたら本当はもう唄はごめんだ、そっとしておいて欲しいと思っていらっしゃるのではないかと心配でした。無理強いしたくないという気持ちはシズさんに対しても同じでした。幸いハルさんは「伝える」意欲に満ちていらっしゃいましたが、シズさんはそうではなかったのです。

おかさんの唄

ところがいくつかの演目がまがりなりにもうたえるようになった頃、ハルさんのほうから「これくらいにうたわれるんだったらシズの唄も覚えておけ。あんたがやらなければシズの唄はなくなってしまうんだ」と声をかけてくださったのです。「シズがいやだって言うのならおれがシズに言ってやる。シズももうちょっと元気出さねば」と。

そこでまず、残された録音をもとに形作ったものを「とにかく聴くだけでいいから聴いてみてください」と、覚えたての祭文松坂をシズさんの前でうたってみました。するとシズさんは「あ～、おかさんの唄聴いてるみたいだ……」とつぶやいておられました。シズさんは親方キクイさんのことをおかさんと呼んでいました。

シズさんは私の前ではとても涙もろい人でした。ことあるごとに「おかさん」と口にし、私の唄を聴いては「おかさんを思い出す」と言っておられました。ことに一緒に入所した難波コトミさんが一九九七年に亡くなられてからは、いつもいつも「早くおかさんのところに行きたい」とくりかえしていました。

ハルさんからは「まごじいさん」（新潟弁で「おじいさん」のこと。ハルさんの本当の祖父ではなく、その弟だったという話もあります）の思い出話を聞くことがありましたが、シズさんからは血のつながった親や兄弟の話題がでたことは一度もありません。高田瞽女は瞽女になるとき、生家と縁を切って、戸籍の上でも親方の「こども」となりました。シズさんにとってキクイさんは、親方であると同時に唯一無二の親だったのです。キクイさんは唄の名手だったそうです。そしてシズさん自身が「おかさんは私をかわいがりすぎたんだね」と言うほどにやさしいおかあさんでした。実の親子にも及ばないほどの情愛があったのだと感じます。

シズさんはハルさんより一足早く、二〇〇〇年七月、八十四歳で亡くなられました。「プライドが高い方でした。誕生日の会などで歌を披露してもらう時にも、ご機嫌を取るのが大変で」と、地元新聞新潟日報の追悼記事（二〇〇〇年八月十三日付）のなかで、胎内やすらぎの家の職員の方が振り返っておられます。

私が訪ねていっても、世間話さえ面倒くさそうにみえることもあるシズさんでしたが、唄を聴いていただいているうちに気がのってくると、「こんないい唄もあるんだよ。覚えるといいよ」と、『秋田甚句』[10]や『二上がり甚句』[11]など短い楽しい唄を口ずさんでくださいました。

さきほどの追悼記事は、「が、気難しかった訳ではない。(…)『納得して(…)いざ歌い始めると、表情が輝く。(…)いつまでも若々しい歌声でした』」と続いています。

シズさんの桜

杉本シズさんにはもうひとつ書いておきたい思い出があります。

あるときふいに「あんた、高田に行ったことあるの?」と聞かれました。「行ってみたいと思ってるんですけど、まだないんですよ」と答えた私に、「行ってみるといいよ。行くなら春がいいよ。高田の桜はねぇ、きれいなんだよ」と楽しそうにおっしゃったのです。

その日はとてもご機嫌がよかったのだと思います。ご自分のほうからにこやかに笑顔をみせながら話を続けることはほとんどない方だったので、そんな風に会話ができたことが嬉しくて、稽古した唄をほめられたわけでもないのに、なんだか浮き立つような気持ちで家へと車を走らせていました。運転しながらその会話を反芻していて、ふと気がついたのです。シズさんは確かに「桜がきれい」という言葉を使っておられました。目が見えないシズさんの思い出に残っている高田の桜とはどのようなものなのでしょうか。

その後、何度か高田でうたわせていただいたことがあります。家族で花見に出かけたこともあります。高田公園（現・高田城址公園）は新潟県でも屈指のお花見の名所で、城跡を中心に四千本の桜があり「日本三大夜桜のひとつ」ともいわれているそうです。シズさんに見えていた美しい桜の世界は私には見えるはずのないものとわかってはいますが、桜の時期になるといつも、あのときの会話や、ご高齢でありながら、時折少女のようなかわいらしさを感じさせた杉本シズさんを思い出します。

「あんた、上手だねぇ。おかさんの唄を聴いてるみたいだ。でもねぇ、おかさんはもっといい声だったんだよ。おかさんはとっても上手だったんだよ。だれでもかなわないよ」今でもそんな声が聞こえてくるような気がします。

ハルさん、シズさんおふたりには、唄ばかりではなく、その背後にあるもっと大きなものを学ばせていただいた、そんな気がします。人が生きるということの重みや、瞽女個人個人が喜びや悲しみなど、ごく普通の感情をもつ生身の人であるという事実、また職業としての唄とは実際にはどういうことだったのか、といったことに気づくことができたのです。

瞽女の精神を知る

おふたりに私の娘の唄声を聴いていただいたことがあります。

「ママの癖　いつでもどこでもうたう癖」こんな川柳もどきを口にしていた娘でしたが、いつの間にか自分も覚えてしまい、自然に口ずさむようになっていました。「せっかく覚えたんだから、ママと一緒にうたって聴いてもらおうか？」と、そういう流れでした。娘はとても嬉しそうでした。私自身も自分が好きなことをやっているためにこどもたちにも負担をかけているという思いがあったので、とても嬉しかったのです。

ハルさんはとても喜んでくださいました。「よう覚えた。これだけうたわれればどこでもつれて歩いたらいい。どこでもほめられて頭なでてくれるぞ。かわいい、かわいいと頭なでられて育てばこどもはいい子に育つもんだ」と。

そのとなりでシズさんは涙ぐんでおられました。「かわいそうに……あんた親だろう、なんでこんな小さい子に唄なんか覚えさせるの……」と。

私はこのときのことを忘れることができません。おふたりの反応は正反対でしたが、どちらもまさしく「瞽女」だったのです。

このようなことを思い出すたび、この芸は多くの名も知れない瞽女さんたちがそれぞれにその人生を生きてきた、その結果としてここまでにたどりついた芸であるという事実を思います。軽々しく扱うことは許されないのだと。

瞽女の精神性がかいま見えるような唄をうたいたい。そうでなければ目の見える私が瞽女唄をうたう意味はないのだ……。形だけ上手になぞっても、それだけでは瞽女唄とは呼べないような気がしています。

シズさん（右）と
ハルさん

十　暮らしから唄が生まれる

第九話で高田と長岡の瞽女唄の違いを「ポップスと演歌」とたとえました。演奏を聴いていただければわかりやすいのですが、もう少し具体的に言葉で説明してみます。

瞽女特有のジャンルである「祭文松坂」「口説き」「瞽女万歳」などは瞽女さんの芸の核となるものです。これらは長岡にも高田にもあるのですが、聴き比べてみるといずれも、高田のほうは三味線の手が細かく音数も多く感じます。右手のバチを使わずに左手の指で音を出す「ウチ」や「ハジキ」といった細かい技法を多用するのも特徴です。これに対し長岡のほうは、三味線よりも唄が主役であることがはっきりとわかるような三味線のつけ方です。「祭文松坂」は唄と語りの間のような芸であると前に書きましたが、高田のほうはより「唄」に近く、どちらかというとメロディやリズムが印象に残りますが、長岡のほうはより「語り」に近く、言葉のほうが印象に残ります。うたい方としては、長岡のものは声に旋律がついてくる、高田ののは旋律に声をのせてゆく、という表現が近いでしょうか。

発声も少し違います。弟子たちに発声の手がかりとして、「目の前一、二メートルのところに重い布団をどんと置いて、それをぐーっと押すつもりで」などと言うことがあるのですが、高田のほうはもう少し軽い布団でもよさそうです。そうした違いがありながらもなお、一声聴いただけで瞽女唄だ、とわかるような共通した感触なのが不思議です。うたいっぱなしのような、放り投げたような、きれいに唄おうとまったく考えていないかのような、小さくまとめてしまうことを拒否しているかのような、そんなスケールの大きさを感じさせるうたい方で、タイプは違いますがどちらも迫力があります。

また、高田の「祭文松坂」にはセリフが入るものがあります。セリフといってもお芝居のように演じるわけではなく、所々にアクセントをつけるような独特の抑揚です。『祭文松坂 山椒大夫』[12]はこのセリフ部分がとても魅力的です。演目自体がハルさんから教わったもののなかにはないこともあって、上越（高田）での演奏の機会にはよく使っています。

セリフ部分をふくらませて始めと終わりのみが唄になっている「噺松坂」[13]というジャンルもあります。このジャンルのものはハルさんのレパートリーにはありませんし、私の知るかぎりほかの長岡の瞽女さんのレパートリーにもありません。

たくさんの一口文句

『佐渡おけさ』『鴨緑江節』『県尽くし』など長岡のハルさん、高田のシズさん両方がレパートリーとしていた演目がたくさんありますが、その多くは形そのものがそれぞれまったくの別物といってもいいほど違います。

ではハルさんとシズさんのレパートリーに共通する演目で比較してみることにしましょう。一般的によく知られている『佐渡おけさ』[14]についてです。

まず、長岡瞽女、ハルさんのものは、旋律は皆さんがおなじみのものをひとひねりしたような変化形で、いわゆる一口文句(ひとくちもんく)でうたいます。一口文句というのは七・七・七・五文字の文句のことです。

一口文句はこの唄ばかりでなく、さまざまな唄に使います。『鹿児島おはら』『庄内節』[15]『どどいつ』『新津甚句』などなど、みな同じ文句でうたうことができます。ですから、たとえば『鹿児島おはら』と『佐渡おけさ』の文句を互いに入れ替えるといったことが、ごくあたりまえに行われます。「花は霧島　タバコは国分」と始まる『鹿児島おはら』の節回しで、

佐渡へ佐渡へと草木もなびくよ
　佐渡はいよいか住みよいか

とうたうわけですね。

またその逆もできます。よく知っている民謡であればあるほど、その意外な組み合わせがお

もしろくて座が沸く……昔の瞽女宿の光景が見えてくるようです。

一口文句は上の文句（七・七部分）と下の文句（七・五部分）との組み合わせになっていますが、これを組み替えることも自在です。たとえば、

めでためでたが　みつ重なりて
　よつのすみから金(かね)がでる

めでためでたや　このやの館
　うちへ舞い込む福の神

このふたつなどは、どちらの上の文句にどちらの下の文句をつけてもうたえますね。下の文句に「鷹と鶴亀舞い踊る」など、また別の文句をつけることもできます。

ハルさんは十五種類ほどの一口文句をつねに使いまわしていらっしゃいました。といっても、一口文句にはこのようなものがある、というふうに箇条書きにして習ったわけではありません。新しい唄を習うたびにここにもあった、まだ違うのがあった、これも一口文句だ、という具合に増えていきました。

また「自分で気の利いた文句を思いついたらとっとけ（覚えておけ）」「おれにも教えろ」と

も言われました。自分のもっているすべてを駆使して聴いている人に喜んでもらうのだ、そういう気概を感じます。

そんなわけですので、今現在、私はかなり多くの一口文句をストックしています。自分がいろいろな機会に仕入れただけでなく、弟子たちがそれぞれの地元やふるさとの唄の文句を教えてくれたり、高齢のうたい手を訪ねて話を聞くうちに気に入ってもらって、どっさり昔の文句を教えてもらったり。それらを互いに共有しているからです。

ふたつの『佐渡おけさ』

このようなことから、演奏活動をするときも、ハルさんの『佐渡おけさ』はとても使いやすい演目のひとつです。新潟では誰でも知っている唄なので、めでたい一口文句を使えば、結婚式でも、お正月でも、喜寿や米寿の祝いでも喜ばれます。初めて行く土地で広く知られている民謡をうたいたいなと思うことがあります。でもイメージはもっていても演奏できるほどよく知っているわけではない……そんなときには『佐渡おけさ』にその文句を当てはめてうたうことができます。ほかにも、グラウンドの桜が有名な学校で「〇〇小学校は桜がきれいで　ライトアップで花見ができる」とうたうと、こどもたちはとてもおもしろがって興味をもってくれます。

ところが、高田の『佐渡おけさ』はこれとは全然違う形です。文句は一口文句ではありません。旋律も一般的なものと似ているハルさんのものとは違う、まったくの別物です。まずは文句を読んでみてください。

わしに会いたくば　上州前橋　敷島河原の[16]
小砂利混じりの
あら砂持ってきて
わたしがお寝間の
三尺小窓の
小障子のあいだから
姿かくして　ぱらぱらと撒きなよ
小雨降るかと　出て会うと

電話もない時代に家族に悟られずに好きな人に会う、というコントにもなりそうな光景を、短いメロディの繰り返しを多用して軽快にうたいます。後述するアイノテ部分はさらにリズミカルです。なるほど『佐渡おけさ』ではあるけれど、よく知られているものとはかなり雰囲気が違います。こちらもノリが良くて喜ばれるため、公演で使いやすい演目です。

ふたつの『佐渡おけさ』についてさまざまなことを書いてきました。長岡、高田、それぞれに魅力的な唄であることが伝わったでしょうか？　それぞれの土地で、多くの瞽女さんたちがそこに住む人々と共に育んできた、その土地ならではの唄の良さを損なわずに伝えたいものです。

ところがあるとき、長岡と高田の両方からいいとこどりをしたような、一緒くたにしてうたっている『佐渡おけさ』に接しました。せっかくのそれぞれの面白さを味わうことができず、また同じ唄なのにこんなに違う、という意外性も伝わらず、ちょっと残念でした。

両方のよさを合わせるわけですから、それなりに魅力的なものにはなります。ですからこうしたやり方も絶対いけないとは思いません。ただ、小林ハルさんの唄として紹介されたのみで、高田の杉本シズさんやその師匠・杉本キクイさんの名前すら一言も触れられていなかったことが気になって仕方がありませんでした。

まだハルさんもシズさんもお元気で、ちょうどシズさんに教えていただくことができるようになってきた頃のことでした。プライドの高いシズさんが、軽く扱われるどころか消されてしまっていることを知ったらどう思うかな……ハルさんだってこれを知ったら腹を立てるんじゃないかな……と。おふたりがお亡くなりになられた今でも、そのことはずっとずっと心にひっかかっています。

同じ流れのなかで

高田の『佐渡おけさ』についてはこんな思い出があります。

二〇〇八年二月、NHKテレビ「新日本紀行ふたたび」に取り上げていただきました。一九七二年に放送された「新日本紀行」で杉本キクイさん一行が旅した地域を、三十六年ののちに私が訪問してうたったこの番組は、大きな反響を呼びました。

「この人の周囲に歴史の闇のようなものが立ち上がってくるような気配がある。当時のひとびとの息遣いとか生活の質感みたいなものが唄を媒介にたちあがってくるような」と書いてくださった方もありました。

放送終了後、北海道の『江差餅つき囃子』を研究・伝承していらっしゃる方から連絡がありました。

番組内でうたった高田の『佐渡おけさ』のアイノテの部分、[17]

あらし畑のさやまめは　ひとさや走ればみな走る
わたしゃあなたについて走る

これとそっくりの文句が『江差餅つき囃子』にあるというのです。

裏の畑のさや豆コ　ひとさや走ればみな走る
　わたしゃお前さんについて走る

本当によく似ていますね。

はいや・おけさ・あいや節。これらがみなルーツを同じくする唄であることはよく知られています。『佐渡おけさ』も『江差餅つき囃子』もその流れにある「兄弟芸能」なのです。

各地のさまざまな芸能にふれると、それぞれの違いとともに「私たちは本当に同じ流れのなかにあるのだ」ということが実感されて、満たされた気分になることがあります。

思いがけないところで会った人と意気投合して話しているうちに、出身地が同じだったり、あるいは遠縁に当たる人だったりということがわかってなんだか嬉しくなる……私にもそんな経験がありますが、このような芸、そしてそれを愛し伝承している方たちに出会うときの感覚はそれに似ています。

その後、録音や映像を交換したり、お調べになったことを教えていただいたりするなかで、『江差餅つき囃子』にはこの文句のほかにも、『佐渡おけさ』が始まったのかと聴き間違えてしまうほど似ている部分があることもわかりました。その過程で私は、『江差餅つき囃子』を伝承・研究している方たちの真摯な姿勢、熱意とでもいうものに大きな感銘をうけました。

唄や芸能は人の暮らし、歴史と共にあるものなのです。先人に対する敬意や愛着なしには「伝承」はできません。

十一　瞽女唄は瞽女唄でもみんな違う

長岡・高田両方にあるレパートリーは『佐渡おけさ』以外にもまだまだあります。『新保広大寺節』[18][19]もそのひとつです。

その唄と踊りが新潟県十日町市の無形民俗文化財になっている『新保広大寺節』は、『麦わら節』『船屋唄』『八木節』『津軽じょんから節』など多くの民謡のルーツといわれています。そしてその伝播の中心的な担い手となったのが越後瞽女でした。

こうした背景を知る人からは、瞽女のレパートリーのなかで大変に重要な位置を占めている演目として扱われています。実は私もそうしたルーツに興味をもっていました。でもハルさんはこのようなお話に水をむけてもどちらかというとそっけなく、あまり話が広がりませんでした。

瞽女としてのハルさんにとって大事だったのは「お客人が喜んでくれなさるかどうか」、その一点だけです。お客人たちには、その唄がほかの民謡のルーツとして重要であるという歴史的背景は関係ありません。ただ、その文句やリズム、うたう人とともに時を過ごすこと、それが楽しみだったのですから。ハルさんにしてみれば、「そんげなこと言うてくるしょもいるな」くらいなものなのですね。

瞽女さんたちにとっての、その演目のもつ意味合いは、民謡研究の材料としてとか、文化財的・歴史的意義といったような方向からの位置づけとは、必ずしも一致していなかったのです。このこともまた、学者ではなくうたい手を志す自分が知っておくべき大事な事柄だったのではないか、と感じています。

『新保広大寺節』もぜんぜん違う

ハルさんの『新保広大寺節』はとても短く、文句も自分がうたうのは二種類だけと言っておられました。一方、高田瞽女のものはがらりと雰囲気が変わります。わかりやすくて面白い文句とリズミカルな合いの手、軽妙な三味線でうたわれます。

前話の『佐渡おけさ』と同様、同じ唄なのに長岡と高田でこんなに雰囲気が変わるのか、と驚きをも感じる演目のひとつです。

このほか、ハルさんと同じ長岡瞽女の金子セキさん・中静ミサヲさん・加藤イサさんの組による録音も残されており、文句もたくさん記録されています。

新保広大寺がネギ食って死んだ　見れば泣かれますねぎばたけ

新保広大寺の掛けたる袈裟は　お市ゆもじのうらしきだ

新保広大寺がめくりこいて負けた　袈裟も衣も質におく

などなど。この唄は、新保広大寺の住職が「バクチ好きだ」「門前に住む寡婦のお市と深い仲になってしまった」などとはやし立て、その生臭坊主ぶりをからかう悪口唄です。江戸時代に農地の耕作権・境界争いで、この寺と対立していた勢力が住職を追い出すために、このような「ざれ唄」(ふざけた調子の唄)を流行らせたのが始まりだということです。そのため、この唄は全国各地で流行したにもかかわらず、地元では避けられていた時代もあったのだそうです。

現在、広大寺の本堂脇には、この唄が市の文化財として認められるきっかけを作った、民謡研究家の竹内勉さんによる書がかけられているそうです。

「謂われなき　悪口唄を広大寺　耐えに耐えての百七十四年」

——「新潟日報」二〇〇七年四月十二日付記事による

似ている『磯節』

もうひとつご紹介したいのが『磯節』です。『新磯節』ともいいます。「新」とは、元のものとは変わっていますよ、という意味でしょうか。

今まで例に出した『佐渡おけさ』と『新保広大寺節』はいずれも同じ唄でありながら、長岡と高田では別の唄であるかと思われるほどに形そのものが違っています。瞽女の芸の定番である「祭文松坂」も含めてほとんどがそうです。そんななかでこの『磯節』は異色です。ちょっとしたうたいまわしの変化がある程度で、形はほぼ同じです。三味線も同じで唄えます。手元にある稽古時の録音のなかに、杉本シズさんが三味線を弾き、唄をシズさんとハルさんがかわりばんこに唄っているものがあります。うたい終わったハルさんがシズさんに「おめさんとこれうたったことがあったかのう」と問いかけ、シズさんが「いーやはじめて」と答えています。はじめてなのに、おふたりが少し意外な感じがするほど違和感がなかったということなのでしょう。それほど形は似ているのに、それでも雰囲気は全然違うのです。

両方とも文句はたくさんあるのですが、同じ「苦」がテーマになっているものを並べて比較してみましょう。

まずはハルさんの文句です。

楽は苦の種　苦は楽の種[20]

楽をする気でおるからつらい
つらい勤めも　辛いと思わず　苦にせぬのが　苦は楽のたね

次にシズさんの文句がこれです。

一じゃない　三じゃない　ちょいと二がぬけた
四じゃない　六じゃない　また五がぬけた
七　八　十じゃない　わしもこのごろちょいと九(苦)がぬけた

書き物では音を聴いていただけないのが残念ですが、こうして文句を並べただけでも、なるほど雰囲気が違うと思っていただけたのではないでしょうか。うたいぶりから受ける印象も違います。ハルさんのほうはまっすぐで、たくましい力強さ。これに対して、シズさんやその師匠・キクイさんはおしゃれな遊び心。そんな表現がふさわしいうたいぶりです。

長岡も高田も城下町です。このことと、それぞれの文化に誇りをもつ人が多いということは関係があるのかもしれません。時折「長岡の瞽女唄のほうが力強い」「高田のほうが上品だ」と、互いにこっちが上だと主張しあうような意見に出会うことがあります。自分の住む地域の唄のほうがしっくりくるのは当然のことなのですが、両方の瞽女唄に深く接し、またどちらの出身でも住人でもない身からすると、当然のことながら、ここには違いはあっても上下はありません。鹿児島の言葉と青森の言葉とどっちが上だと言われても困りますよね。むしろ、そういう違いをそれぞれが残しているということ自体が大事なことだと思います。東京の人に「私にはどっちも同じに聴こえますけど」と言われたりすると、そうだよね、とほっとしたり、いえいえ、こんなに違いがあっておもしろいんですよ、と説明したくなったりします。

替え唄も自由自在

高田の『磯節』から変化した『ナイルス・スミス』という、初めと終わりのみが唄になっていて、大部分はしゃべりという形の笑いものの演目もあります。これはつまり、前話に書いた「噺松坂」と同じ形です。『磯節』という民謡の替え唄が、替え唄という枠を飛び越えて「噺松坂」という別のジャンルに似た演目に化けたのですね。

「ナイルス・スミス」というのは飛行機の名前で、日本でも大正時代にデモンストレーション飛行が行われて、ずいぶん話題になったのだそうです。このような世相、流行を取り入れて新しい形を生み出してゆく柔軟さも、瞽女唄の魅力のひとつです。

例に出した「楽は苦の種」の文句ですが、晩年のハルさんがこれをうたっているのをテレビで見たことがあります。楽器ももたず、普段着姿でにこやかにうたっている映像でした。

さほどの人生経験ももたない自分では、ハルさんのような味わいは出せないだろうなと思われて、うたうのをためらっていた時期があります。同じように『佐渡おけさ』も長い間うたう勇気をもてずにいました。このことは第二十七話であらためて書くことにします。

十二　保育園で瞽女万歳

娘が唄を覚えて、ハルさんとシズさんに聴いていただいたときのことを書きましたが、この出来事はやがて、その後二十年以上も続く取り組みへとつながっていきます。新潟市の愛慈（あいじ）保育園（現・愛慈こども園）での、年長児との『瞽女万歳』です。

娘が年長組になった春のことでした。お迎えに行ったときに先生に、「あれはなんの唄なんですか？」と声をかけられました。遊んでいるときいつも口ずさんでいるため、友達のなかにも覚える子が増えてきて楽しそうだというのです。それが「瞽女万歳」でした。こういう唄なんですよ、とお話ししているうちに、

「どうせならこどもたちにお稽古してもらって一緒にうたってみませんか？」

「できるかしら？」

「できると思いますよ」と、園庭で園長先生とお話ししたのが始まりでした。

「太夫」と「才蔵」

瞽女唄は基本的には一人芸ですから、合唱するようなことはないのですが、なかにはふたりで掛け合いをして進めてゆく演目もいくつかあります。『瞽女万歳　柱建て』はそのひとつで、「太夫」と「才蔵」のふたりが交互に唄ってゆきます。「太夫」役はまじめに一本二本と柱を建ててゆくのですが、その合間合間に「才蔵」役がとんでもないことを言ってまぜっかえして笑いを誘い、それを繰り返すうちに最後にはふたりそろって立派な家が建ちあがったことを喜ぶという流れになっています。お正月とか、何かめでたいことがあったときとか、縁起をかつぐようなときにもうたわれます。

通常年上のほうが「太夫」を、若いほうが「才蔵」をやることが多いのですが、保育園では私が「太夫」でこどもたちが「才蔵」です。

次は才蔵の文句の一例です。

あぶくたったにいたった[21]
おろしごろなら食いごろだ
ことしゃ豊年だ
あねさのしんげぇさくも豊年だ

かかさのしんげぇさくも豊年だ
ことしゃ豊年だ　なにがまた豊年だ
おわた　にんじん　ごんぼう　いんげん　十六ささぎ
いもなんざいいもんだ
親食って子食って
ずき食うて葉食うて

あとに残るのは
けっけらけんの毛ばかりだというたが
さあさこれから太夫さんの番だ

「才蔵」の文句はたくさんあります。私が教わったのは七種類ですが、記録をさがすとそのほかにもいくつもあります。どれを使うかは「才蔵」役にまかされています。保育園でも、この「けっけらけん」のほか、七福神が登場する文句や、借りていったすりばちをなかなか返してくれないという文句、八海山や富士山の出てくる文句など、こどもが面白がりそうないくつかの文句のなかで、どれを使うかは担任の先生におまかせしています。

ふだん日常的に教えてくださっている先生方は大変です。こどもに先んじて覚えなければならないし、唄よりも先に、正座して前を向いていること、おしゃべりしないで話を聞くこと、「太夫」のパートでも気を散らさずに待つといったことなども、この年齢では簡単ではないはずですから。

「才蔵」パートは、唄というよりもぺらぺらしゃべる感じで、和風のラップと言ったら近いでしょうか。ノリを保ちながら勢いよく進めます。細かいイントネーションやタイミングなども、こうでなければならないという決まりはないので、「太夫」パートとの受け渡しの部分や三味線との兼ね合いなどを合わせるくらいで、私はほとんど指導といえるようなことはしていません。でもとにかく楽しくて、毎年この時期を楽しみにしています。

こどもたちと瞽女唄をうたう

瞽女さんの唄をうたうときに必要なことはただひとつ、「一生懸命うたうこと」。これを約束して声を出す練習をします。必ず三味線に触ってもらう時間を設けます。「おばあちゃんのうちにあるよ」という子がいたり、「水戸黄門（ドラマ）で見たことがある」という子がいたりします。今では、おにいちゃんやおねえちゃんもうたったよ、という子も増えてきました。

三味線というものが動物や植物の命をいただいている楽器だということもお話しします。発表会では、間違えないよう気にするのではなく、こどもたちならではのパワーあふれる姿を見ていただけるようにと心がけています。何よりも、この経験がこどもたちにとって楽しい思い出になってくれるといいな、と思っています。生まれ育った土地で古くから親しまれてきた唄に触れるということは、両親・祖父母・そのまた前のおじいちゃんやおばあちゃんの存在を意識することにつながります。自分はポツンとひとりここにいるのではない、先人たちにつながっているんだという感覚をもつことは、たとえ唄の内容は忘れても、どこか遠くで暮らすようになっても、必ず根っこのところで支えになるはずですから。

最近では、都会での公演に「保育園で一緒にうたったんです」という方が来てくださったこともあります。保護者の方による地元紙への投稿をご紹介しておきます。

孫のお遊戯会で圧巻の瞽女唄

先日、孫の通う保育園のお遊戯会「大きくなった会」を参観した。〇歳から五歳児までの乳幼児、百数人が通う小規模の保育園だが、金、土の二回公演にもかかわらず、参加者はぎっしりの超満員。

（中略）

さて、プログラムも終盤となり、ステージに正座した、来春には小学生となる、赤い法被を着て一段と大人びた年長生。やがて、ステージ脇に、瞽女（ごぜ）・小林ハルさん直弟子の萱森直子さんの登場。
子どもたちの朗々と唄う声に合わせ、負けじと全霊を傾けてかき鳴らす三味線と唄。
演ずるは、毎年恒例の「ごぜ万歳」。太夫と才蔵の掛け合いは火花が散るようだった。
（中略）
幼児に伝統芸能を伝える保育園にも拍手である。

——「新潟日報」二〇一〇年十二月二十日付による

先に挙げた文句のなかに「しんげぇさく」という言葉が出てきます。これは「母ちゃんやばあちゃんのお小遣いの畑の収穫」という意味です。昔の農家の嫁さんたちというのは、妻や母としての役割だけでなく、農作業の働き手であった面が強く、いわば賃金の必要のない労働者のように扱われてもいました。そんな環境のなかで、「ここでは何を作ってもよいし、収穫から得られる収入も家に入れずに自由にしてよい」と小さな畑を任されることがありました。それが「しんげぇさく」です。ただの豊作よりも母ちゃんたちには嬉しいし、それを見れば父ちゃんたちも嬉しい。集まった村人たちがわっと笑う、にぎやかな瞽女宿の光景が見えるような気がしますね。

十三　文字はやっかいなもの

『瞽女万歳　柱建て』の「太夫」がうたうパートに、「ごぞうてんのう」と聞こえる文句が出てきます。あるときこれについて、こんな手紙がきました。

「これは牛頭祭神のことをさすのだから『ごずてんのう』とよまなければなりません。あなたは『ごとう』とよんでいますがこれでは世間に通用しません。もの知らずだと思われますよ」というのです。「前に聴いたほかの人たちはちゃんと『ごずてんのう』と言っていました」とも書いてありました。

当時、私はお稽古のときのハルさんの発音をまねて「ごどう」とうたっていたのですが、これが勢い余って「ごとう」に近い発音になってしまっていたのでしょうか。あるいはこの方に漢字の知識が先にあるため、そう聞こえたのかもしれません。「ず」とよむべき「頭」の文字を「とう」と読み間違えています、というご指摘でした。

知識の上で言えば、確かにこの方の指摘は正しいのです。この部分は牛頭祭神のことであり、「ごず」と発音するのが正しいのでしょう。げんに、高田の『瞽女万歳』では、残されている録音でもはっきりと「ごず」ですから。

そこでお稽古のときの録音を聴きなおしてみましたが、やはり「ごどう」と聞こえます。「ごぞう」とも聞こえますが、どう聞いても「ごず」とは聞こえません。

ここは常識ではこう発音するべきだろうな……そうよまないと教養がないと言われるだろうな……。自分の「教養」はすべて捨ててこの人のあり方に触れたい……そう思って弟子入りしたにもかかわらず、このとき私はこの手紙を無視することができませんでした。

気になったので次のお稽古に行ったときに、ハルさんにこんな手紙がきたんですけど、と聞いてみました。するとハルさんはこの部分を今一度やってみせてくださいました。その結果、この部分のハルさんの発音は「ごどう」に近い「ごぞう」であることを確かめることができ、ありがたいきっかけではありましたが、耳元で読み上げたこの手紙に対するハルさんの反応は、意外なほどに激しいものでした。その声が今でも耳に残っています。

怒りを含んだ声で「おれはこう習うたからこううたうんだ。おまえはおれの教えたとおりにうたってるんだ。それのどこが悪いて言うんだ。その手紙くれたしょに言うてやれ」と。「他の人はちゃんと『ごず』と発音している」ということについても、「それはおれの唄を打ちこわしているんだ」と、非常に手厳しい言葉でした。不快感を超えた、はっきりとした拒否の姿勢がその言葉から受け取れました。

自分の耳で聴いたこと

実はこうした手紙や指摘はこれ一度ではありません。

『祭文松坂　景清』の登場人物のひとり「いわの十蔵重勝」は、もともとは「伊庭」あるいは「伊場」とかいて「いばの」と読むものだそうですが、ハルさんは「いわの」です。「伊庭」「伊場」を知っている人が聞くと、「間違っている」と感じてしまうわけですね。

このように、知識のある方たちがこうあるべき、と判断する言葉と、ハルさんやシズさんの言葉や言い回しや発音が異なっているとき、どちらでうたったらよいのでしょうか。

いろいろな考え方があるでしょうが、私は迷わず、自分の耳で聴いたハルさんやシズさんのほうでうたいます。

瞽女唄は、瞽女さんたちがその耳で伝えてきた唄です。私は瞽女ではありませんが、瞽女ではない者が唄わせていただくのですからなおのこと、全ての文句について極力余計な解釈を加えずに、耳で受け取ったままに声に出すように努めています。

私は小林ハルさん、杉本シズさんおふたりから教えていただいたわけですが、どの唄も「ハルさんの唄」「シズさんの唄」なわけではありません。ハルさん、シズさんに至るまでに、名前さえも残さなかった数知れぬ瞽女さんたちの存在があるのです。ずっとずっと繋がってきたその流れを、瞽女でない私が意図的に変えてしまう、それは許されないことのように思われるのです。

「これでは世間に通用しません。もの知らずだと思われますよ」という言葉が気にならないわけではないのですが、それはすなわち、「どうせ目の見えない人の唄なんて間違いだらけで世間に通用しない恥ずかしいものなんだ。だから教養のある者がきちんと添削して直してやらなければならないんだ」と、そう言われているようで、心寂しく感じます。

それよりずっとのちのことですが、ある瞽女唄に関するシンポジウムの質問コーナーで、こんな発言をなさった方がありました。「○○の演目に出てくる○○の文句は、自分が調べて検討したところこういう意味だとわかったので、今後はそのようにうたってください」と。以前とは違い、私もこのようなご意見に慣れてきていましたし、自分なりに明確な答えと意思をもってうたっていました。このご質問にも気持ちがぐらつくことなく、次のようにお話しすることができました。

ありがとうございます。そうしたいのはやまやまなのですが、結論として申しますと、私はそのようには致しません。なぜかと言いますとそのように興味をもって研究なさる方はたくさんおられるのです。ひょっとすると同じ文句について別のご意見をおもちの方もおられるかもしれません。私たちは覚えてうたっているので、誰かがこうだというたびに覚えなおしてうたい方を変えることは不可能。そうなりますと「正しく」うたおうと思うならば、あらかじめありとあらゆる文句について意見を募集して、そのなかのどれが正しいのか、検討会を開いて、皆さんに意見を戦わせていただいて、決定して、覚える、ということをやらなければならなくなります。私は皆様のご意見のうちどれが正しいか判断する根拠をもっていませんから。もしそんなことができたとしても、また違う意見をもつ人が現れれば再度やり直さなければならなくなります。開き直るようですが、私たちはうたい手であって学者ではないのだということを理解していただきたくお願いします。

文句について細部にわたって「ここは不要」「ここは別の表現がふさわしい」「この文句は安易に多用されぎみである」「ここは余分な句である」「ここは瞽女唄などの演唱歌詞としてはふさわしくない」などと書かれた本が送られてきたこともあります。参考にしてくださいということなのだろうと思いましたが、どうやらそうではなかったようです。謹呈と添え紙がある、ぶ厚い本のしめくくりに、「近代以降の瞽女唄は文字社会の口承文芸であることを忘れてはならない」と書かれていました。この本の著者は「瞽女唄は文字を基本にしてうたわなければならない。研究して正しい表記、正しい文句に整理したからこれを使ってうたいなさい」と、そういうお考えなのでしょう。

この本が大変な労作であることは理解します。勉強になりますし、参考になるところもあります。その点はありがたいのです。ただ、「文字社会の口承文芸」という、相反する方向を向いているふたつを強引につなげたような言葉そのものが、まるで判じ物のようで意味が通るようで通らないようで、私のようなうたい手にはなじまないのです。

研究者がその研究の成果をうたい手に具現化してほしいと望むのは、無理からぬ欲求なのだろうと理解はできます。でも、瞽女唄は私にとって「研究対象」でも「保存すべき文化財」でもありません。私の唄を聴いてくださる多くの方たちにとってもまた同じだと思うのです。「本に書かれていることは正しい」という先入観に逆らうのは勇気がいることですが、たとえそれが「正しくない」ものであっても、「ふさわしくない」ものであっても、話が通ればそれでかまわないのです。うたい手が担っているのは学問ではなく娯楽の唄なのですから。

カイモイ、カヤモリどっちが正しい?

「ゆんで」と「よんで」について第五話に書きましたが、ほかにも瞽女唄の文句では「ゆずりは」が「よずりは」、「歩む」が「あよむ」と聞こえたりします。これらは実際に日常生活のなかでも特に高齢の人が混じる会話ではごく普通のことです。

新潟の言葉は「よ」と「ゆ」、「い」と「え」だけでなく、全体にヤ行やラ行があいまいです。近い例を挙げると、私の苗字「萱森」は実家の近辺の会話では「カイモイさん」と聞こえます。これを文字に表そうとしたとき、「萱森」であることを知っていて、発音も耳慣れている人なら「萱森」と書くわけですが、そうでなかったなら絶対にそうは書かないはずです。この漢字は「カイモイ」とは読めませんから。それならどんな漢字を当てるでしょうか。「貝茂井」？「階母位」？　いずれにせよそれが外に出たとき、読む人はどう読むでしょう？　またなにやら意味のありそうな漢字の並びに興味をそそられ、研究する人が出てくるかもしれません。そうしてやっと「萱森」だということがわかったら、これからは「カヤモリ」が正しいので今度からそうよんでください、と言いたくなりますよね。でも元の発音は「カイモイ」……あれ？なにか堂々巡りしているような気がしませんか？「ひとそれぞれでかまわない」と第五話に書いた通り、この場合「カイモイ」「カヤモリ」どちらでもいいはずですよね？

本当に文字というものは厄介なものだなあと思います。いえ、厄介なのは文字ではなく、本来は音でつながっているところに文字を介在させるということ、そうすると私たち目の見えるものは文字を優先させてしまいがちである、ということ。そのうえ自分の正しいと考えるものに統一したがる、というのが厄介なのですね。

こうあるべきの違和感

ハルさんが七十代の頃、新発田市教育委員会が瞽女唄の全曲録音を目指した取り組みを行いました。全曲というわけにはいかなかったものの、小林ハルさんだけでなく、土田ミスさん、中村キクノさん、内田シンさん、五十嵐フキさん、計五名の習得していた膨大な量の演目が、音と、その書き起こし文字で残されています。ハルさんもそのことはよく記憶しておられ、「もうこれでしまいかと思うたら、まだねぇか、もっとねぇかときりがねんだ」とおっしゃっていました。うたう側としても相当な努力が必要だったことでしょう。これは本当にものすごい仕事だったと思います。逐一口伝えでやっていたのでは、どれだけ時間があっても足りないお稽古を、これがあることで効率的にすすめることができるのですから。

「祭文松坂」のように長いものをお稽古するときには、あらかじめそうした資料にあたって、物語のあらすじや登場人物を把握し、文句もこれをもとに覚えるということをします。ハルさんご自身も、「ここの文句は忘れたが、書いたもんがあるはずだからさがしてみれ」とおっしゃることもたびたびありました。

でもこのやり方だと不都合なこともあるのです。読み違いがそのひとつです。原因は「音読み」「訓読み」などよみ方が複数あること、聞き慣れない単語や言い回し、あるいは方言やなまりなどいろいろあります。ほかにも文字が先に頭に入っているので、その間違いに気づかなかったり、また、耳で覚えたものが何年もの時間をおくと、いつの間にか文字から来る知識に置き換わってしまったり。また、第三話で書いた即興性や変化を理解しているはずなのに、ついつい忘れて書いてある通りにうたわなければならないと思いがちになることもあります。音だけに頼った場合でもこうしたことはおこりますが、それは口承芸能として自然な範囲内。ところがここに文字が入ることで、その範囲を超えてしまうわけです。

ハルさんは、こんな風に言葉で説明することはありませんでしたが、よくわかっていらっしゃったのです。だからこそ、私が自分で「しまった、間違えた！」と思うような場合でも、「それでいい。よう話が通った」とほめてくださいました。一方で、研究者の方が作り変えた文句に対しては、「それはおれの唄でない」と、はっきりと否定なさっていました。私の耳にも、繰り返しうたいこんだ上でうたい手が自然に口に出す言葉は、どれほど変化していようとも違和感なく聞こえます。研究者や文学者といった人たちがこうあるべき、と頭で考えた言葉との間には明らかな違いが感じられるのです。

自分たちにはあたりまえのこうしたことが、まわりに理解されないいらだたしさ……本話の冒頭のエピソードにみられたハルさんのあの言葉の激しさの理由は、そういうことだったのではないでしょうか。

本来、文字は便利なものです。存分に活用、利用する。でもけして文字にとらわれてはならない。文字を優先させてはならない。厄介なのは文字ではなく、それに頼りたがる私たちのほうなのですから。耳で伝わってきたからこそその魅力を失わないためには、そんなこころがけが必要なのだと思います。

十四　耳から聴く、心で聴く

『祭文松坂　景清』[22]一の段のはじめに「ことにしそうもさとらるる」という文句が出てきます。これは「何でもわかる賢い人だ」という意味だそうです。

習い始めた頃は、このようにわかりづらい文句が出てくると、「わからない」ことが気になって、そのたびハルさんに「これはどういう意味ですか」といちいち聞いていました。

そんなときハルさんは、「ここはこういう意味だ」と教えてくださることももちろんありましたが、それは片手の指で数え上げられるくらいの数でしかありません。「ことにしそうもさとらるる」はそのひとつです。

ほとんどの場合は、「そんなこまっこい（些細な）ことはおれも知らないんだ。おれはこう習うたからこううたうんで、話の筋がとおればそれでいいんだ」とおっしゃっていました。そんなことがたび重なるうちに、「これは文字で書いたらどのような漢字で表す言葉なのだろう」と考えている自分がいやになってしまいました。かつての瞽女さんたちがそんな考え方をしたはずはない、耳で聴いた音をたどるようにうたっていたはずだ……そういう気持ちが次第にふくらんで、意味を知りたいという欲求よりもはるかに大きくなっていたのです。

弟子入りしたとき、「この芸を習うには、自分が今まで文字で培ってきた知識はなんの役にもたたないのだ、この人の前では真っ白な状態にならなければならないのだ」と決意したはずでしたが、始めて間もない頃には「わからないままうたう」ということが不安でした。目の見える者にとって、ひたすら耳で覚えるということは、自分が考えているよりずっと難しいことだったのだ、と思い知りました。

演奏会では、「わからない言葉や気になる言葉が出てきても聞き流してください。それが祭文松坂を楽しむコツです」とお話しするようにしています。

頭ではなく心で聴く

わからなくても楽しめる。実はそのことを私たちは身近に経験しています。

たとえば『かごめかごめ』や『花いちもんめ』といったこどもの遊び唄を思い出してみてください。よくよく考えると「これは一体どういう意味なんだろう?」「どうして、ここにこんな言葉が使われているのだろう?」と不思議に思われる言葉がたくさんありますね。そのような疑問から出発して、言葉のひとつひとつを分析したり、歌のルーツをたどったりした研究や本もあります。でも、その唄を日常的に使い遊ぶこどもにとっては、そんなことはどうでもいいことなのです。研究成果が出たから歌詞を覚えなおしましょう、なんて言う人もいないでしょう。そんなことにこだわっていたら楽しめないですよね。瞽女唄も同じだと思うのです。耳に受け取ったままを、自分の「頭」ではなく「心」で感じたまま声にして、聴く側もまた、耳から心へと伝え楽しむ……それでよいのではないだろうか、そんなふうに思っています。

初めて演奏する場所では、「予備知識があったほうがよいと思うので、あらすじや文句について何か印刷したものを用意しましょうか」との打ち合わせをいただくことも多いのですが、ほとんどの場合は「そうしたものは不要です」とお答えしています。そうした印刷物があると、多くの人は「それを読みながら聴く」ことになりがちです。視線は印刷物の「文字」を追い、頭は「すじがき」を求めます。

何も配らずに舞台設定や登場人物などについて多少の解説を加えながら、お話と唄だけで進めると、お客様は私の表情をじっと見つめ、あるいは目を閉じて、その瞬間の響きそのものに耳を傾けてくださいます。

お客様と一体となって物語へ入り込んでしまうような濃密な時間。かつての瞽女宿に身を置いているかのような感覚。そんな、この唄を育んできた人々の息遣いを身近に感じられるような時間を得られやすいのは、どちらか……。経験上、この答えははっきりしています。何も印刷物を配らない場合のほうです。

私は絵画や美術品に触れることが好きですが、日本人は美術館へ行くと有名な絵の前に集まって「作品」ではなく、絵に添えられた「解説」を読んでいる、それではせっかくの美との出会いが損なわれると、そんな評論を読んで、自分のことを顧みて本当にそうだな、と納得したことがあります。知識や教養は役に立ちますが、ときとして素直な感動の妨げになることもあるのですね。

私の演奏について、「話のなりゆきやひとつひとつの文句の意味にとらわれずに、ただただそこに流れる荒々しい響きに身をゆだねて聴いていると、瞽女たちがそこに存在していたであろう越後の山々や厳しい冬景色、日本海の波しぶきのなかに身をおいている感覚にとらわれる……」、そんなご感想が書かれていることを知りました。師匠・ハルさんの唄に接したときの、またお稽古で日々、私が感じていることをそのまま言い表しているかのようです。

ハルさんはなまりが強く、また私が弟子入りした頃はすでにご高齢で、歯もなく発音が明瞭ではなかったため、稽古を始めた頃は会話も半分くらいしかわからない状態だったと前に書きましたが、何をうたっているかわからなかったのに、それでもその唄声に、今でも忘れがたいほどの印象が残っているのです。

わかりやすければよいわけではない

祭文松坂の魅力は、ただ物語を楽しんでいただく……それだけではないのだと思います。

物語を楽しむだけなら他にいろいろな芸能があります。瞽女唄は視覚的要素もまったくなく、脚色を交えずにたんたんと話を進めるだけですから、「話のなりゆき」を楽しむにはまだるこしくもどかしいかもしれません。歌舞伎などのほかの芸能で楽しめる演目もたくさんあります。ただ物語を楽しむだけならば、ほかに方法はたくさんあるのです。

さまざまな娯楽に容易にふれることができる今の時代にあってもなお、「瞽女唄」でしか得られない充足感……。意味は理解できなくとも、その声と三味線の響きに触れるだけで自分の心の奥底に眠っていたふるさとへの思いにゆさぶられた、ハルさんの唄に接したときのあの感覚……。それを大事にしていきたいと考えています。

「もっとわかりやすく変えて、今の人に伝えることが必要なのです。ここの部分はダイジェスト版にしてしまいましょう」と、そんなふうに手を加えるやり方もあることは承知しています。うたい手による自然な変化ではないために、聴き手の立場からしても本来の瞽女唄とは少なからず趣を異にするわけですが、もちろん、そうしたものを否定する気はありません。それはそれで魅力的です。でもそれは私のやりたいこととは違うし、また私がやらなければならないことでもありません。もしも最初に接した「瞽女唄」がそのようなものであったなら、私は興味をもたなかったに違いないからです。

新しい魅力を付け加えることによって、失われてしまう魅力もある。そういうことなのでしょうね。

一息入れて段の次

さて、「祭文松坂」のはじめの決まり文句について前にふれましたが、おわりにも決まり文句があります。ときには省略されてしまうこともある短い文句なのですが、ここにも瞽女唄らしさが表れています。

長岡の小林ハルさんですと、

さても一座のうえさまよ[23]
へたの長よみ　飽きがくる
これまで読み上げ奉る

これが高田の杉本シズさんですと、

さて皆様にもどなたにも[24]
あまり長いは　座のさわり
これはこの座の段のきり

といった具合です。「へたの長よみ　飽きがくる」「あまり長いは　座のさわり」と、長岡と高田とで言い回しは違いますが、同じことを言っていますね。

「私たちの唄を長いこと聴いてくださってありがとうございます、そろそろ飽きてくる頃でしょうか？　長すぎるのはよくありませんね、そろそろおしまいにしますね」と。うたい手側の都合ではなく、聴き手側の機嫌をうかがっているところが、いかにも瞽女さんたちらしいではありませんか。


これらの終わりの決まり文句にもさまざまな変化形があって、どれを使うかは、その時々のうたい手次第です。

その変化形のひとつとして、一番最後の文句を「一息入れて段の次」とうたうことがあります。これは、物語の一番おしまいの段を読み終えたときには使いません。四段ある話なら一・二・三の段では使えるけれど四の段では使わないのです。「まだ続きがあってこの先も面白いんですよ、聴いていただきたいんですけど、とりあえず今はここまでにしますね」という気持ちを込めた文句なのです。この場合「一息」というのは、ほかの演目を挟んで、ということもあるし、一年後、あるいは三年後ということもあります。「あの続きをやってくれんかね」と言われたら、はいはいそれではと「ただいま読んだる段の次　あらあら読み上げたてまつる」と始めます。間にどれだけの時間が経っていても「ただいま」でかまいません。

「祭文松坂」だけではなく、高田の「県尽くし」でも「ただいま読んだるそのよみ続き」というふうにして、先を急がずゆったりと物語を楽しんでいたのですね。

十五　「さずきもん」と「きがまえ」

「ハルさんのお稽古は厳しかったんでしょうね」と聞かれることがあります。そんなとき、私はこう答えることにしています。「まるで底なし沼みたいなお稽古だったんです」と。

振り返ると、とにもかくにもうたえてさえいれば必ず「よう覚えた」とほめてくださるのが常でしたし、声を荒らげるようなことは一切ありませんでした。ですから普通にイメージされる「厳しい稽古」とは違うのでしょう。でも人に何かを習うについて、実はこれほど怖い稽古は他にはないのではないかと思うのです。

とりあえずほめてもらった時点で満足し、それ以上を自分から望まなければ、稽古はそこでおしまいになってしまいます。これは私にとって、とても怖いことでした。ハルさんがほめてくださっても、本当にそれでハルさんが満足していらっしゃるかどうかは、自分が一番よくわかります。それでいい、とおっしゃる以上、「どこをどう直せばいいのでしょうか」という質問はできません。どこが違うのだろう、どこをどうしたらいいのだろう……。自分で納得がいかなければ繰り返し繰り返し、やりなおしてはまた聴いていただく。次々新しい演目に取り掛かりながらでも、その合間に稽古し直しては再びハルさんに聴いていただく、それしか方法はありませんでした。半年あるいは一年と時を置いて、同じ演目を「もう一度聴いてください」と何度も言う私に、ハルさんは根気よくつき合ってくださいました。どこまでもどこまでも、これでいいという先が見えないそのまた先まで。「底なし沼みたいな」というのはそういう意味です。どこまでやるかは自分次第、できるかできないかも自分次第、そんなお稽古でした。

納得できなかった『越後追分』

そのようにして何度も何度もやり直し、長い時間をかけた演目のひとつが『越後追分』[25]です。形ができるまでも大変だったのですが、「それでいい、ようできた」と言われてからもずっと納得がいかず気になっていました。時間空間を超えて人の思いが伝わってゆくような、ものすごく素敵な文句なのに、その良さが自分の唄では伝わらないのです。

松前のずっとむこうの　蝦夷地の茶屋で
たつとき　急いだことゆえに
笠と盃おいてきた(「おいてきた」の代わりに「つい忘れ」の場合もある)
あとで飲むやらかぶるやら

さらばというては　あの森のかげ
ちらちらみゆるはすげの笠
今度会うやら会わぬやら
思えば涙がさきにたつ

くよくよするなよ　世間は車
命さえありゃ　また巡り合う

五年ほど経った頃、「もう一度だけ聴いてください」という私の唄を聴き終わったハルさんが、いつもとは少しちがう柔らかい表情で、「今のおめの『越後追分』、あのじいちゃんに聴かせたかったなぁ……」と口になさったのです。思いがけない言葉でした。

ハルさんが瞽女として旅をしていた頃、行くたびに「お前さんの『越後追分』が聴きたくて待っていた」と必ずリクエストしてくれるおじいさんがいたのだそうです。その人に今の唄を聴かせてあげたかったと……。

上達したとか、よくできたとか言われたわけではありませんが、私はこのとき、芸人としての生き方を貫いたハルさんでなければ絶対出てこない言葉、心からの最大級のほめ言葉をいただいたのだと感じました。

このときうたったのは「世間は車」と呼んでおられた文句でしたが、「花娘」と呼ぶ別文句もあります。そちらはお住まいになっていた胎内やすらぎの家の、ハルさんが入所した頃の施設長さんがとてもお好きで、よく聴いてくださったとのことでした。

時々、瞽女唄のことに限らず、何か判断しなければならないことがあると、ハルさんの残してくださった言葉たちを頼りにしている自分に気が付くことがあります。

「さずきもん」と「きがまえ」

「さずきもん」という言葉も忘れられません。通常は「さずかりもの」ですが、ハルさんは「さずきもん」と言っておられました。ほめるときだけでなく、折に触れ、稽古のなかでたびたび使っておられました。

「あんたの唄はさずきもんらすけのぅ。だいじにうたえよ」
「さずきもんさえ大事にしてりゃなんとかなるもんだ。世の中てのはそういうもんら」
「てめぇのさずきもんわからんで、じたばたしてたたってだめなもんら」というふうに。
「さずきもん大事にしてねとそういうことになる」といましめとしても使っておられました。

見える目をさずからなかったけれど、ひとのさずきもんをうらやまずに自分にさずかったものを磨きぬいて、それを頼りに生きてきた、そんなご自身の人生に対する自負が感じられて、私はこの言葉がとても好きです。ハルさんと出会えたこと、こんな言葉をかけてもらえたこと、そんな自分の幸運を言い表すのに、これ以上の言葉はほかにみつけることができません。

二〇一七年、私は自分の弟子たちの集団を「さずきもん」と名付けました。瞽女唄、ハルさん、シズさん、自分の唄を楽しんでくださる方たち、また自分と同じようにこの芸を好きだと言ってくれる弟子たち……それらのご縁すべてが私の「さずきもん」。そんな思いで、ハルさんのその生き方を凝縮したかのようなこの言葉を感じながら、自分も弟子たちと共に成長してゆきたいとの思いを込めたのです。

「さずきもん」と同じくらい頻繁につかっていらっしゃった言葉が「きがまえ」です。通常は「こころがまえ」ですが、ハルさんは「きがまえ」でした。

「きがまえがなってねぇもんが唄なんぞうたうたたってろくなもんにならん」

「きがまえがなってりゃ、めぐり（まわり）が何言うたたってこわいことなんぞねんだ」と、こちらはどちらかというと何か腹立たしいことや残念なことを耳にしたときなどに使っておられたように思います。

お客が喜ぶことが自分の喜び

もうひとつ、これを聞くのが大好きだったという言葉があります。

稽古を始めて三年くらい経った頃からでしょうか、稽古場以外でも、いろいろなところでうたう機会を少しずついただけるようになってきました。行く前には必ずハルさんに、「今度こういうところへ行きますよ」と伝えるようにしていました。ハルさんが行ったことのある場所であれば、そのときうたった演目をプログラムに入れたいなという思いがあったのです。お客様もハルさんも喜んでくださるに違いありませんから。そして終わると必ず「行ってきましたよ、こんなふうでしたよ」と報告しました。お亡くなりになる直前は会話できない状態でしたが、それでもこの報告は続けました。

お元気な頃のハルさんが、そんな私に毎回かけてくださった言葉はただひとつ。「お客人は喜んでくれなさったか」でした。「声がよくでたか」「まちがわなかったか」などと言われたことは一度もありません。

はい、この唄では笑い声がおきましたよ、この唄では涙を流す人もいました、来年また来てほしいと言ってくださいました、お昼ご飯ごちそうになってきました、翌週に立派な柿が一箱おくられてきたんですよ……そんな風に報告すると、ハルさんは和らいだ表情で「それはよかった、お前いいことしたのぅ」と、必ず同じ言葉をかけてくださるのでした。

聴いてくれた人が喜んでくれることがそのまま自分の喜び。最後の最後まで、そんな一芸人としての生き方を貫かれたハルさんに育てていただいたことを誇りに思っています。

芸術家になってはいけない。芸人でありつづけるのだ。それが私の瞽女唄うたいとしての信念です。

十六　ハルさんからの手紙

お稽古を始めて五年が過ぎた夏のことです。私は第三子を亡くしました。死産でした。ハルさんも、だんだん大きくなってくるおなかに手を当てて、「三月（みつき）くらいたったら、つれてこられるかの」と楽しみにしてくださっていました。でも、その子は顔を見せ抱かせてはくれましたが、産声をあげてはくれなかったのです。これからしばらくの間、私は「祭文松坂」のなかでも重要な位置を占めるふたつの演目をうたうことができなくなってしまいました。『葛の葉』と『巡礼おつる』[26]です。

両方とも公演で使うことの多い演目です。ことに『巡礼おつる』は話がわかりやすく、難しい言葉もあまり出てこないため、初めての方にもとても喜ばれます。幼いお子さんがいらっしゃる年代の方たちの集まりなどでは、ご自分のことやわが子のことに重なるのでしょうか、会場のあちこちにすすり泣きが聞こえるようなことも多い演目なのです。

ヨシミちゃん

この頃すでに、いろいろなところで唄を聴いていただく機会が増えてきていました。どこかで聴いてくださった人が、もう一度聴きたい、と別の機会を用意してくださり、そこで聴いた人がまた別の集まりに紹介してくださる、その連続でした。何の宣伝もなく、組織も支援者もなく、ただひとりでひたすら稽古を重ねているだけの私にとっては、一回一回がこのうえなくありがたく、拙いながらもなんとか喜んでいただきたいと、演目選びにも稽古にも、できうる限りの努力をして演奏に臨んでいました。

それなのに、一番人気の高い演目がうたえなくなってしまったのです。公演でうたえないだけでなく、稽古をすることもできませんでした。何も考えずに物語の世界に入ろう、と思ってもそれができないのです。自分の感情そのものが自分でコントロールできなくなっていました。

それでなくても私の心と体を案じてくださっていた師匠に、これ以上の心配をかけたくない。そんな思いで稽古には何とか再び通い始めましたが、うたえなくなったことは隠せません。「うたえなくなっちゃったんです……」と訴えました。するとハルさんが「おれもそうだった……」とおっしゃったのです。

ハルさんはご自分で子を産んだことはありませんでしたが、もらい子をした経験が何度もあります。目の見えない子を弟子としてひきとり、共に暮らしたのです。ハルさんとの関係のうえでは不幸、不遇な行く末となる人が多く、私の前でもよく「おれはこどもの運が悪いんだ」とおっしゃっていました。なかにひとりだけ目の見える子がいました。ヨシミちゃんです。赤ちゃんの頃にもらって育てたけれど、幼いうちに亡くなってしまったのだそうです。

お稽古中に昔の瞽女暮らしや旅の話を聞かせてくださるのはいつものことでしたが、ヨシミちゃんのことを聞いたのはこのときが初めてでした。

なかなか首の据わらない弱い体の子であったこと。
ひとりでおいておけなくて、おぶい紐でおんぶしたまま門付けをしたこと。
あーちゃ、あーちゃとハルさんを呼んでかわいかったこと。
かたことの言葉でハルさんの唄のまねをしていたこと。
熱を出してあっというまに死んでしまったこと。
生き返ってくれろ、と思ったこと。
それからしばらくは唄の気持ちになられなかったこと。
ことに『葛の葉』と『おつる』はだめだったこと。
また、「人は早く忘れろとか今に忘れるとか言うけれど、なに忘れられよば」と。

このときから先、ハルさんに「おまえばっか（おまえしかいない）」と頻繁に言われるようになりました。

「生きている子のことを考えろ。母親はおまえばっかだぞ」（そのとき第一子は八歳、第二子は五歳。よく稽古に同行し、かわいがってくださっていました。）

「おれの唄立派にうたうてくれるのはおまえばっかでないか、おまえがうたわないで誰がうたうていうんだ」

「おれとおまえばっかになったぞ。大事にうたうてくれろよ」などと……。

偶然ではなく必然

ヨシミちゃんが亡くなったときに住んでいた家は小須戸（こすど）町（現・新潟市秋葉区）にあり、その家はなんという偶然なのか、萱森（私の夫の実家）の土地に建っていたのでした。義母は当時よく地代をもらいにハルさんの住まいを訪れ、親しく接していたといいます。

その事実を知ったのもこの頃のことでした。夫と知り合ったときも、弟子入りしたときも、そんなことはぜんぜん知らなかったのです。

「妙なご縁もあるもんだと思ってたんだ」と義母からこの事実を聞いたとき、私は背骨がギクリと音を立てたような気がしました。よく恐ろしいことに遭遇するような状況を「背筋が凍る」と表現しますが、それに近い感覚だったように思います。

点訳グループへの参加も、偶然出会ったと思っていた胎内やすらぎの家への訪問も、それどころか夫とあるサークルで出会ったことも、もっとさかのぼって大阪での勤めを辞めて新潟へ戻ってきたことも……。自分のこれまでのすべてが偶然ではなく必然だったのではないかと、ずっと前から決まっていた道のりだったのではないかと、そんな感覚はまさに「恐ろしい」と紙一重なのかもしれません。

義母がこのことを私に教えたのは、ちょうどハルさんがもうすぐ百歳になるときだったからです。「お祝いを渡したいから、つれていってくれないか」と言う義母と一緒におうかがいしたことは、義母も亡くなった今となっては本当にいい思い出です。

私はその頃、ハルさんのなまりの強い言葉を聞くのに不自由しなくなっていましたし、義母とも普通に会話ができていました。ところが、ふたりで話が弾みはじめるとすぐに話の内容が全然理解できず、ついていけなくなってしまいました。ふたりとも私と話すときには少し手加減してくれていたのでしょうね。私にはわからない言葉で昔話に花を咲かせるふたりは本当に楽しそうでした。一緒に行ったこどもたちが騒がしくまとわりつくのを、ハルさんが「ちっと静かにしていれ。おかさんの声が聞こえねぇねっか」としかりつける場面もありました。

帰りの車中で聞いたところ、あそこに小学校があったとか、ハタヤ（織物工場）で働く母ちゃんたちがこどものおもりをハルさんに頼んで預けていったとか、按摩の誰それはその後どうなったとか、そんな話をしたということでした。当時すでにハタヤも小学校もそこにはなく、双方の記憶に残る懐かしい光景を語りあえたのは嬉しかっただろうなと。もしかしたら、あれが私の最高の姑孝行だったのではないかと思います。

ハルさんからの手紙

こどもを亡くしたのはこれより少し前、八月のはじめのことでした。稽古はしばらく休み、とにかく体を休めて気力をとりもどそうと思っていました。

その頃ハルさんから郵便でカセットテープが届きました。日付は平成十一年九月二十七日とあります。さっそく再生してみると、聞き慣れた「ありがとう」という声が耳に飛び込んできました。

ハルさんはリンゴがお好きでした。稽古のときに、すりおろしてもらって食べてくださいね、とお渡しすると、まず手でそのリンゴをなで、「みごとなリンゴだの、ありがとう」と礼を言われ、ひと月後に次の稽古に行くと、まず最初に「この前のあんたのリンゴはおいしかったよ」と。その気配りと記憶力にいつも感嘆させられたものです。「ありがとう」の「と」の音が少しだけ上がる口調が、そんなときのハルさんそのままだったのです。

いつもお誕生日などには、たあいのない人形とか花とか、私のこどもたちからのメッセージとか、私の母が手作りした帯締めだとか、ついでに家での稽古を録音したものなどをお送りしていました。このときも稽古に行けないので、そんなものをお送りしたのか、あるいはお手紙を出したのか、義母との再会を果たして間もない時期だと思うので、その礼なのかもしれません。そのいきさつは忘れてしまっていたのに、この本を書くにあたって久しぶりに聞いたハルさんの「ありがとう」を聞いた瞬間、なにかとても暖かい空気に包まれたような気がしました。

以下、録音されているとおりに記していきます。


萱森さん　先だってはありがとう。

私も丈夫で、今なんともねえし去年とおんなしこんで、なじでもねえようらし、あんたも丈夫になったかね。なじらね。

春まで元気で、元気でいたいと思うて、今のようにしていたいと思うているぁんだが、ま、なじらか……あれらか……

暖こうなったら、寒いうちはおめさん冷やこい体で出らんねすけ、暖こうなったら、おれが丈夫でいたら、まぁまた遊びながらでもきてくんなせ。待ってるすけ。

今はなかなか寒て、これから寒なるすけれ、かぜでもひこんだら大事だすけ出らんねろも。

あんたも弱い体になってるすけ、なるたけ気ぃつけて丈夫になって、春になったら、春になって三・四月、四月ごろになったら、私が丈夫でいたら、ま、遊びながらにもきてみてくんなせ。

「なじらね」というのは「どんな具合だね」、「〜すけ」というのは「〜だから」という意味の新潟の方言です。

ハルさんはご高齢でしたから、今はお元気でも冬の間に体調が悪くなることもあるかもしれない。ですから、冬の休みに入る前には「お元気でいてくださいね、春にはもっとうたえるようになってきますから。きっと元気でいてくださいね」と約束して帰るのが常でした。そのたびに「お前が来るていうのに死んでなんかいらんね」と、冗談のようにおっしゃっていたものでした。でも弟子の私のほうがこのような状態になって稽古が続けられなくなるかもしれない、そんな事態は考えたことがありませんでした。おそらくハルさんも考えたことがなかったでしょう。

くりかえしくりかえし「冷やこい体（弱い体）」になった私を気遣い、「春になったら……」と言うハルさんの声を何度も聞いては、次の春までお変わりなくいてくださいますように、と願いつつその冬をすごしました。

春になって再び稽古に行ったとき、このテープのお礼を言うと、「あんたがそこにいるんならなんでもしゃべられるろも（けれども）、はい、テープまわしたから今しゃべれ、はよ（早く）しゃべれて言われたたって思うようにはしゃべられねぇもんだて。しょうしい（恥ずかしい）てのぅ」と、笑っておられました。

二十年も経った今でも、当時のさまざまなことを思い起こすことがあります。でも、あのときギクリと鳴ったように感じた背骨は、今は何ともありません。「めぐり（まわり）にあれこれされるな。おめはおれの言うこと聞いてれば大丈夫ら」そんなハルさんの言葉が守ってくれています。

「自分はなにがあっても、この人から離れることはないだろう」と、そのとき抱いた思いは今も変わりません。自分で決意したというのではなく、ごく自然に、「私は今、いるべきところにいる」と感じます。そして弟子として、ハルさんに出会うことのできた自分の幸運を思うのです。

翌年の秋、私は第四子をさずかりました。うまくいかなかった第三子の出産経験がトラウマになっていましたし、自分の年齢、体調など不安材料がたくさんありすぎるなかでの挑戦でしたが、第三子の誕生を楽しみに待っていた上の子たちに赤ちゃんを見せてやりたいとの思いが強く、躊躇はありませんでした。ハルさんの存在が支えになったことは言うまでもありません。生まれて三か月ほどの赤ん坊を抱いて、上の子たちと一緒に写った、とろけるような笑顔のハルさんの写真が手元にあります。

私は十二年もハルさんのもとに通ったのに、ハルさんの写真をほとんどもっていません。唄を学ぶ、芸を学ぶ、そのことに夢中で、写真を撮っている暇などなかったのですね。あとに残すとか何かに使えるとかまったく考えていなかったのです。この写真は、私がもっている数少ない写真のなかの一枚です。

ハルさんと
こどもたち

十七　百寿を祝う会

一九九九年十月三十一日、新潟市で「瞽女文化を顕彰する会」主催の「小林ハルさんの百寿を祝う会」が催されました。胎内やすらぎの家から車で一時間半ほどのみちのりでしたが、施設の方々のご尽力でハルさんもご出席なさいました。祝ってくださる方々へのお礼にとうたわれたのは『出雲節』でした。「この唄ならばいつどこでやっても喜んでもらえるすけの」とのことでした。ちょうどお稽古のための定期的な訪問を休んでいた時期でしたが、当時ハルさんはもう三味線を人前で弾くことが難しくなってきていたので、三味線を頼むとの連絡が施設からありました。

外での最後の演奏

さて、当日控え室で「おれが最初みかんをうたうから次はあんたが梅をうたえ、そうやってかわりばんこにうたえば喜ばれるだろう」と言われました。ちなみに、みかん、梅、というのは『出雲節』の文句の種類のことです。

これにはびっくりして、「それはだめです、今日はハルさんのお祝いなんだから。ハルさんの唄を皆さん聴きたいんですよ」と押し問答をして、それでも、とおっしゃるハルさんを説得しました。私が死産でこどもを亡くして三か月ほどしかたっていない頃でしたから、今にして思えば、ハルさんはあのとき私を元気付けようとしておられたのかもしれません。

この日、実はハルさんはひどく車に酔ってしまい、施設の方が用意してくださった軽食にも手を付けておられませんでした。そのうえ控え室にも来客があって、体を休めることもできなかったので少し心配でした。でもそんな心配は無用だったようです。事情があってこの少し前に新潟を離れておられた姉弟子・竹下玲子さんが、この日のためにおくってくださったというお着物に身を包み、車いすでステージにあがったハルさんの唄声は堂々たるものでした。私はすぐわきで三味線を弾きながらみていたわけですが、いつもより少しだけ緊張気味のご様子で、うたい終わると同時にふわっと柔らかな表情に変わったことが印象的でした。

沖の暗いのに　しらほがみゆる[27]
あれは紀の国みかんぶね
そこでみかんのいうことにゃ
わしほどいんがのものはない

小さい時から育てられ
色づくさかりにもぎとられ
大箱小箱につめられて
たてなわ横縄かけられて
汽車や蒸気にのせられて
みしらぬ他国へ売り出され
あの店この店おろされて
みつよついつつと山に積み
何も知らないおさなごは
一銭二銭とかいにくる
買いに来るのはよけれども
よろこびいさんで爪を立て
爪を立てるはよけれども
末にむかれて　さあ　まるはだか

この日が、ハルさんの施設の外での最後の演奏となりました。

終了後、たくさんのマスコミの取材がハルさんを取り囲みました。
「今日うたった唄にはどういう思い出があるのですか？」
「なぜこの唄を選んだのですか？　この唄がお好きなのですか？」

ハルさんは一芸人としての生き方を徹底して貫かれた方です。このようなときに必ずと言っていいほど問われるこのような質問には、「好きな唄なんてない、思い出の唄なんてない、得意な唄てのもない、喜ばれた唄ていうならこれとこれ」、いつもそう答えておられましたが、このときもハルさんの返事はそっけないものでした。言葉を変えて何度聞いても同じ答えなのがわかると、取材の方たちは私にも同じ質問をしてきます。「この唄はこういう文句で、最後に笑っていただく唄なんです。ハルさんは皆さんに楽しんでいただきたくて、これを選んだと言っておられましたよ」とお話ししたのですが、翌日、複数の新聞の見出しに、大きな文字で「切々と」とか「絶唱」とあるのが目に飛び込んできて、なんだかちょっと変な感じがしました。

後日、こんなふうに新聞に出てましたよとお話ししたら、ハルさんは案の定、「よそのしょなんてのはそんげなもんら」と、からからと笑っておられました。周りが自分をどのように見ているのか、どのように扱いたがっているのかということをよくご存じのようでした。

ハルさんの好きな唄

そんなハルさんでしたが、私が接した十二年のなかでたった一度だけ「この唄が好きだ」ともらしたのを聞いたことがあります。それが『夢和讃』[28]です。

和讃……仏、菩薩、教法、先徳などを和語で讃嘆した歌。

——新村出編『広辞苑』第七版（岩波書店、二〇一九）より

辞書で調べるとこのように書いてあります。お寺で朗唱されるこの和讃が、瞽女さんの手にかかると、こうして芸としてなりたつ唄になるのですね。若い世代にも、高齢の方たちにも、男女を問わず強い印象を残すらしく、リクエストをうけることも多い演目です。瞽女唄は通常三味線つきですが、これは三味線を使わずにうたいます。

夢和讃

帰命頂礼夢和讃
極楽参りの夢を見た

判じておくれよ嫁女よ
判じてあげます姑さん
七十八十はまだ若い
九十九の年百の年
三月桜の咲くころに
花やお経にかこまれて
金襴緞子の幕をはり
念仏行者におくられて
極楽参りをいたすべし
あらありがたやありがたや
南無や大悲の遍照尊
南無や大悲の遍照尊

ある小学校の保護者会に招かれたときのことです。高学年の生徒にも聴かせたいとの要望を受け、十歳くらいから高齢者までの幅広い年代の方々に喜んでもらえる演目を、と考えた末にこの唄をプログラムに入れました。それまであまり公演には使ったことがなかったのですが、生徒たちの家族構成を話題にしたのち、「おばあちゃんとお母さんが畑の脇に腰をおろして休んでいる感じ、または縁側やこたつでお茶を飲んでいる感じを思い浮かべて」と言葉を添えて聴いてもらいました。すると終了後、保護者からも先生からも、また生徒たちからも、「この唄がよかった、もう一度聴きたい」と、他のどの演目よりも好評だったのです。「おばあちゃんを連れてくればよかった」という声もありました。

お稽古のときに報告したところ、ハルさんの口から「ああ、おれも『夢和讃』は好きだなぁ」と。ついうっかりと口に出てしまったのでしょうね。

ハルさんがお亡くなりになられたのは四月の末のことでした。その告別式は舞い散る桜の花びらの中、月こそ違ってはいましたが、まさしくこの唄の情景そのままでした。

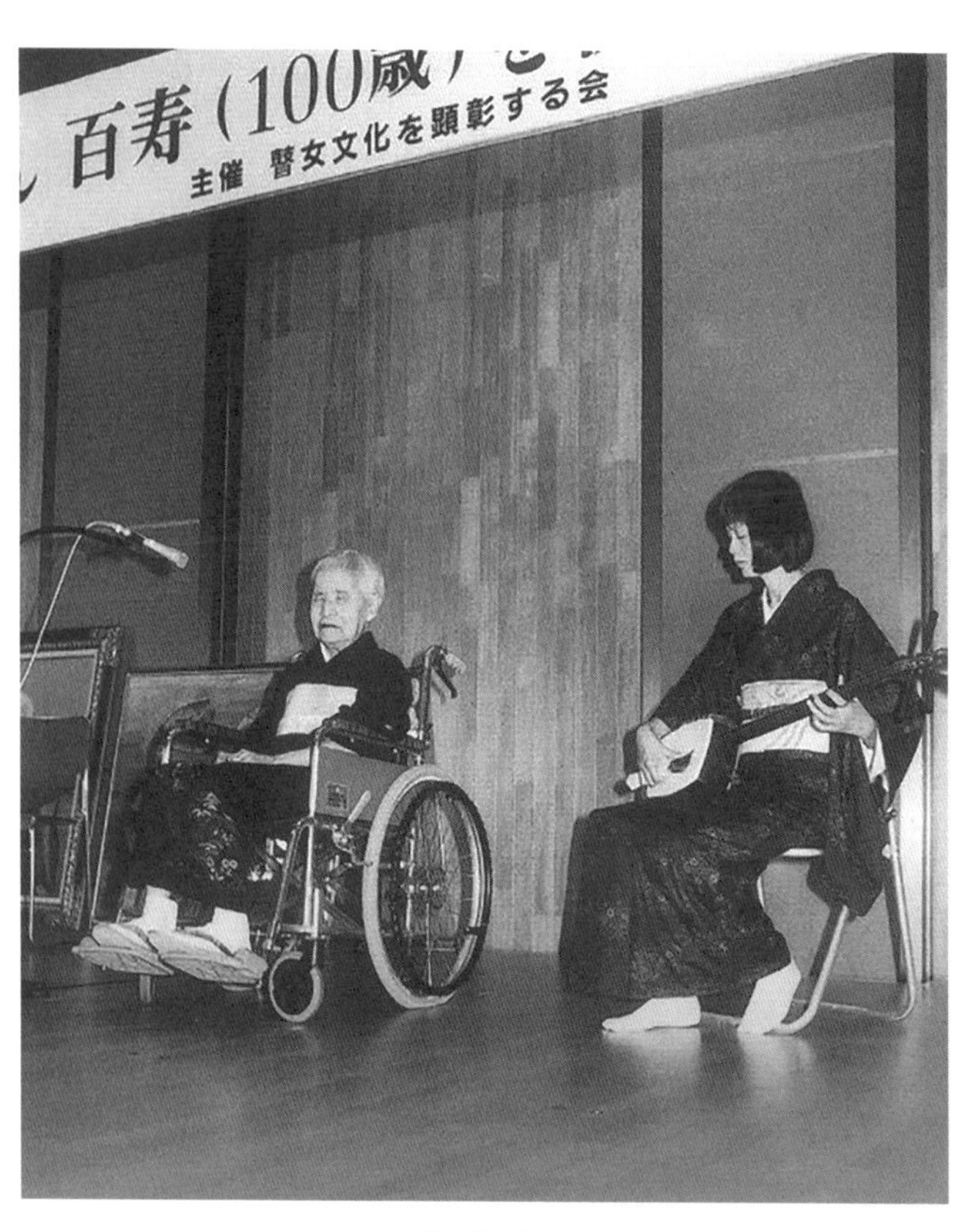

「百寿を祝う会」でうたうハルさん（右は筆者）

三の段　別れ、そして旅はつづく

「おめと一緒に旅したかったもんだ」

十八　唄は人の歴史

瞽女は唄や文化の伝播に大きな役割を担っていました。

そのわかりやすい例が、前話に出てきた『出雲節』です。この唄にはたくさんの文句があります。

正月から夏頃ならば「梅のくどき[29]」、秋から冬にかけてならば「みかんのくどき」。このふたつはいわゆる季節限定ものです。

またそのほかに「とうふこんにゃくのくどき[30]」、西郷隆盛の娘の言葉になっている「西郷どん[31]」、さらにはふたりでかけあいでうたう「謎かけ」。これらはいつでも使えます。

いずれの文句も基本的には同じメロディにのせます。このようないわゆる「替え歌」の手法は、第十話に書いた一口文句の場合も含め、さまざまな形で瞽女唄に使われています。自分のもっているもののすべてを使って聴衆に喜んでもらうのだ、という芸人魂がこのような自在な変化を生んだのでしょうね。

流行歌を取り入れる

どの文句も面白くてわかりやすいので、演奏会でもよく使います。このうち「梅のくどき」は、きれいに咲いていた梅の花が最後にはしわくちゃの梅干しになってしまうというオチがおもしろく、当時四、五歳だった娘が好きになって、「うめぼしのうた、うたって」とよくせがまれました。そのことをハルさんは大変おもしろがっておられました。

『出雲節　西郷どん』の文句はこんな風に始まります。

一かけ二かけて三かけて
四かけて五かけて橋を架け

これを読んで、「あれ？　瞽女唄の『出雲節』は聴いたことがないのに何か覚えがあるぞ」と思った方もおられるのではないでしょうか。実はお手玉やマリつきをするときの遊び唄として、昭和のはじめ頃に全国にひろまった唄の文句なのです。どこの演奏会でも、そのメロディでうたうと、ご高齢の女性たちのなかから、「あ～知っている、なつかしいね～」という声が沸き起こります。一緒に口ずさんでくださる方もあります。私の母も知っていました。全国どこでもほぼ同じメロディでうたわれていたようです。なかには私の知っているのはこうだった、と少しだけ違うメロディを教えてくださる方もいらっしゃいます。

流行しているものをさっそく瞽女がとりいれたということなのでしょう。またその流行に瞽女も一役かっていたのかもしれませんね。

『伊勢音頭くずし』

もうひとつご紹介しておきたいのが『伊勢音頭くずし』[32]です。

この唄は「たち唄」です。たち唄というのは、座が終わるときにうたうものですが、宿を発つときにお礼にひとつ唄っていく、ということもしたそうです。また気がのれば、村との別れの目印になる場所、たとえば橋のたもとや、三本杉のところなどでもうたうことがあったと言っておられました。「そういうところで誰か聴いているんですか?」と問うと、「誰も聴いてなくてもかまわねんだ、自分の気持ちらすけのう」ということでした。

たち唄として習ったのは『伊勢音頭くずし』だけですが、短い唄ならば何を使ってもよいということでした。ハルさんに「たとえばほかにどんなものを?」と聞いたところ、「その宿のご主人様が好きな唄があったら覚えておけ。いくたんびに唄ってくれと言われる唄ていうのがあったら覚えておけ。それをたちにやったら喜んでもらえる」と教えてくださいました。

手引きがいるとはいえ、目が見えないのにどうやって旅を歩いたのだろう、と思うことがありますが、唄を覚え道を覚えるにとどまらず、各地の家々の家族構成や好みまでをも記憶して旅をしていた、ということになります。瞽女ってすごいですね。

二〇〇六年十一月、三重県伊勢神宮近くでおこなわれた「里帰り伊勢音頭全国大会」に参加させていただきました。伊勢音頭はお伊勢参りのおみやげとして各地に伝わりました。そこから生まれた全国各地の芸能を掘りおこして、伊勢に集まってもらい披露し合うという催しです。私の演目は『伊勢音頭くずし』と『越後追分』。わずか十分ほどの演奏でしたが、「瞽女唄が始まったとたんに場内が静まりかえり、まるで吸い込まれてしまうようであった」と好評をいただきました。主催の全国伊勢音頭連絡協議会の方たちの熱意とともに、印象に残っている演奏会のひとつです。

このイベントの打ち合わせのときに、かねてから疑問に思っていたことをお聞きしてみました。

『伊勢音頭くずし』は、瞽女唄では「たち唄」としてしか使いません。前述のように「たち唄」としても、プログラムのいろどりのひとつとしても使える唄はたくさんありますが、『伊勢音頭くずし』は「発つとき」専用なのです。これはなぜでしょう？不思議ですよね、と。するとおもしろいことを教えてくださいました。

伊勢のとなりの志摩地方には、人が集まることがあると「最後に唄の上手なひとが伊勢音頭をうたい、三まわりうたい終わるまでに座についていた者たちは席を立ち、帰る」という風習があるのだそうです。これが「たち唄」につながったのだろうが、たくさんある伊勢音頭につながる唄のなかでもこのような例は珍しいとのことでした。

実は瞽女唄の『伊勢音頭くずし』は「伊勢音頭」が名前に入っていますが、旋律も、文句も私の知る限りどこにも似ているところがありません。「『伊勢音頭くずし』と習ったんですけど似ていませんよね。ほんとに伊勢音頭からつながっているのかしら？」という私の問いに、アイノテ部分の、

やあれさあのせえー　よーいやな　ちょいと[33]
あーりゃりゃんりゃん　これわのせえー　きたやれの　せー

これを聞けば伊勢音頭から派生した唄であることは間違いないと教えていただきましたが、それを確認したくなるくらいに似ていないのです。それなのに「たち唄」としての役割だけはしっかりとそのまま伝わっていることに驚きを覚えました。

このようなことを知るとき、唄はあるとき唐突に生まれたものではなく、そこに暮らす人たちの歴史そのものなのだということが実感されて、この芸を消してはならない、変質させるこ

となく、これからへと伝えていかなくてはならないのだと思うのです。

『伊勢音頭くずし』の文句のなかにも、瞽女唄がさまざまな歴史や文化とつながっていることがわかるものがあります。

「くけつのかい」という言葉です。八百比丘尼（やおびくに）（「はっぴゃくびくに」ともいいます）の伝説をご存知の方はピンとくるかもしれません。人魚の肉、もしくは「くけつ（「九穴」などと書かれる）の貝」を食べて不死身になったというお話です。この伝説は北海道と九州南部以南をのぞく全国にあります。和歌山県の那智には「くけつの貝」がしずめられていると伝えられる「延命長寿の滝水」があるそうです。「命ながらえ末繁盛」と続くことからも、この伝説からこの文句が生まれたのだろうと考えられます。瞽女唄にはこういった形で、いろいろな芸能や各地の伝承がさまざまにとりこまれています。

十九　うたってはじめて気づくこと

前話では、はっきり確認できる「伝わる・つながる」の例を書きました。

ここでは、気づきにくい「伝わる・つながる」について書こうと思います。つまり、うたい手の立場になって初めて見えてきた、ほかの芸能や演目との間の類似性について、いくつかご紹介します。

ひとつめは高田の『伊勢音頭くずし』です。『伊勢音頭くずし』は、第十話でお話しした『佐渡おけさ』などと同じように、長岡と高田でずいぶん違うなと感じる演目のひとつです。

ここで記しておきたいのは、「同じメロディの別の唄」の存在です。それが『地蔵和讃』です。「なんだかまわりくどい言い方だな、つまり『替え歌』でしょ?」と思われた方もあると思います。これは、手法は「替え歌」なのですが、「別の唄」なのです。

前話に例としてあげた『出雲節』もたくさん別文句がありますが、これはいずれも同じ雰囲気をもつ「替え歌」です。元唄があって、その文句を入れ替えたことがすぐにわかりますし、うたうときも同じようにうたえばいいのです。

ところが、高田の『伊勢音頭くずし』と『地蔵和讃』の関係は、「替え唄」というよりは「同じメロディを利用して別の唄を作っている」という表現のほうが近いものです。テーマも、雰囲気も、目的（たち唄であるかどうかなど）も、かけはなれた「別の」演目なのです。それぞれが独立した別個の世界観をもっています。

唄の名前も、前者は正式には『出雲節　梅のくどき』ですが、後者は『伊勢音頭くずし　地蔵和讃』とは呼ばず、『地蔵和讃』です。

まったく重なるところのない別の唄を同じメロディでうたっている。それを知ったのは五年ほど前のことです。

『地蔵和讃』は独特の雰囲気をもっているので、いつかうたってみたいとずっと思っていました。ですが、「賽(さい)の河原の因果を聞きやれ」で始まり、鬼に崩されながら泣き泣き石を積むこどもを最後には地蔵様が「さあこいこいと呼び寄せて」……という内容なので、こどもを亡くした経験が邪魔をして、なんとなく後回しになっていました。思いたって取り組んでみて初めて、それが高田の『伊勢音頭くずし』と同じメロディであることに気がつきました。アイノテの部分が同じだと聴き取れたことで、ようやく気がついたのでした。

瞽女唄がもともと、うたいまわしなどの形に多様な変化をもっていること、ふたつの聴いた雰囲気がかなり違うこと、それぞれを別の音源で拾って別の機会に聴いたこと、『伊勢音頭くずし』の文句から「賽の河原」が連想できないこと、『地蔵和讃』を、「和讃つながり」で第十七話に書いたハルさんの『夢和讃』と比較するようにして聴いていたこと、などが影響していたのでしょう。聞き流していた時点では思いもよらないことだったのです。

気がついたとたんに、『地蔵和讃』という唄にますます興味がわきました。

うたって気づくつながり

さて、気づきにくいつながりのふたつめは高田の「口説き」[34]です。

ここでいう「口説き」とは、前出の「梅のくどき」のような「身の上をぐちる」という意味ではなく、唄のジャンルの名前です。「祭文松坂」よりももう少し短い物語唄の形で「二言一流れ」ですすめていきます。『心中口説き』や『地震口説き』『洪水口説き』など、ニュースを唄にした演目がたくさんあります。これと、『津軽じょんから節』がとてもよく似ているのです。

第六話に書いたとおり、津軽三味線が瞽女の芸から派生したことはよく知られています。私は瞽女唄に出会う前から津軽三味線をやっていましたが、瞽女唄の稽古を始めてみると、その音や弾き方はかなり異なっています。

津軽三味線の音と弾き方のままで形だけ瞽女唄をまねしても何にもならないとの思いから、瞽女唄の稽古のときは、津軽三味線の知識や感覚を自分の中から追い出して、まったくの初心者のつもりでと心がけていました。そのせいもあるのかもしれませんが、それにしても似ていません。伝わってゆくうちにどんどん変化してゆくことは当たり前だけれど、それでもどこかに津軽三味線を連想する瞬間がないものだろうか。そのような意識をもっていたにもかかわらず、ふたつが同じ流れのなかにある音楽なのだと実感できることはありませんでした。

ところがあるとき高田の「口説き」の稽古を始めてみてアッと思いました。ふだん津軽三味線で弾いている『津軽じょんから・旧節』とそっくりなのです。

現在の『津軽じょんから節』は「新節」とよばれ昭和の初め頃にできたといわれています。「旧節」というのはその元になった古い形のものです。その原型が、故・初代高橋竹山によって語りのついた『鈴木主水口説き』として録音が残されています。実際に弾いてみると、全体の「のり」とでもいうようなものが非常に似ています。ためしに少し調弦を変え、三味線を替えて弾いてみるとますます似ています。

このふたつが直接、あるいはそれに近い形でつながっていることは間違いないのではないかと直感しましたが、確かめるすべはありません。調べてみても、それに言及しているものはみつかりませんでした。

そんなとき、山梨大学の公開講座で同大学教授のジェラルド・グローマー先生とご一緒させていただく機会がありました。二〇〇九年三月のことです。グローマー先生は二〇〇七年に大著『瞽女と瞽女唄の研究』（名古屋大学出版会）を出版されており、小泉文夫音楽賞と東洋音楽学会の田邉尚雄賞を受賞されている、津軽三味線と瞽女唄研究の第一人者です。講座でのお話もとてもわかりやすく、また瞽女について同じことを大事に考えていらっしゃるのがわかる心強い存在です。研究なさっている甲府瞽女のことなどお伺いしているうちに、「高田の口説きが高橋竹山の鈴木主水とそっくりだ」とおっしゃるではありませんか。

似てはいても使っている技法が同じなわけではありませんし、譜面に録ったら似た形になるというわけでもありません。瞽女と同じく盲目の芸人であったボサマが、その耳に残した音を自分のもっている技法で再現したとしたらこうなるのではないか……そのように感じられる「そっくり」なのです。グローマー先生はピアニストをめざしておられたことがあるそうです。研究者としての眼力と共に、演奏家としての感覚もおもちなのでしょう。ほかにこの類似を語る人に出会ったことがない私にとって、非常に嬉しいできごとでした。

さらなる発見

さらにもうひとつ。

瞽女さんのあいさつ代わりの「門付け唄」についてです。

「門付け唄」については第七話でもふれました。ハルさんの長岡瞽女のもののほか、シズさんたち高田瞽女が使った『かわいがらんせ』『こうといな』、その変化形で三味線をつかわない『あめふりうた』など、たくさん習いました。ほかの瞽女さんの使っていた「門付け唄」もいくつか記録が残っています。自分のもっている音源資料のなかに、土田ミスさんの『門付け松坂』というものがあり、低音の三味線と弾むような独特の節回しが印象的で、同じ長岡瞽女でもハルさんのものとは随分違うな、いつか挑戦してみよう、と思っていたのです。最近になって取り組んでみたところ、小林ハルさんが最後まで一番頻繁に使っていらっしゃった『瞽女松坂』の変化形であることに気が付きました。同じものをハルさんとミスさんは違う形で受け継いでいる、ということだったんですね。これがわかったときには「あ〜そういうことか〜なるほど〜」と、ひとりごとにしては大きすぎる声が出てしまいました。

ここに書いた三例はいずれも、ハルさん、シズさんが亡くなられた後に気がついたことです。ほかにも同じようなことがたくさんあって、そのたびに思うのです。「あ〜、まにあわなかったな。もう少し早く気がついていたら、こんなこともあんなことも聞いておけたのにな……」と。

むこうでハルさんが「ほんにあいかわらず唄バカらのう」と笑っているかもしれません。このような発見や疑問はこれからも次々に増えてくることでしょう。私の瞽女唄への欲求には限りがないようです。

二十　「わかるなんて言うもんはうそつきら」

師匠・小林ハルさんが瞽女になることを決めたのが七歳、瞽女としての初旅にでたのは八歳だったということです。祭文松坂のなかに、ちょうどそれと同じ年頃の女の子がひとりで辛い旅をする物語があります。『祭文松坂　巡礼おつる』です。

この演目には、こどもを亡くした頃のさまざまな思い出がよみがえるのと同時に、ハルさんの初旅をも思わせられ、私にとっては特別な思い入れがあります。

ハルさんの初旅の最初の目的地・下田村（しただ）（現・三条市）でうたわせていただいたことがあります。私の住む新潟市から向かうと、右側には信濃川が見えます。ハルさんが寒声の稽古をした土手沿いに道が走っているのです。そして左手がハルさんの生まれたところ、三条市三貫地（さんがんじ）。ここがハルさんの初旅の出発点です。そこからしばらくいくと篭場（かごば）、荻堀（おぎぼり）の地名が確認できました。初旅で最初の宿をとったところだそうです。私は車で移動していますが、小さな女の子が大きな荷物を背負って歩いていったのです。その光景を思い浮かべずにはいられませんでした。この下田村の公演で、私はこの『巡礼おつる』をうたいました。

初旅を共にしたハルさんの最初の師匠は、ハルさんに良い思い出をただのひとつも残さなかった人でした。詳しくはハルさんのご生涯について書かれた本にたくさん書かれています。「縁切り金（やめさせて違約金をとろうとすること）が目当てなんだすけしかたねえんだ……」とハルさんはおっしゃっていました。

「唄を習う」つもりでお稽古に入った私でしたが、実際にはその昔の思い出話などを聞いている時間のほうが長かったかもしれません。この人の芸を受け継ぐためには形だけではだめなのだ、この人の人生に触れなければならないのだ、そのことに気がついてからはますますそのような時間が増えていったように思います。

死んだたって忘れねぇ

この最初の師匠のことにふれるとき、ハルさんがきまって口にした言葉があります。

「おれは人から悪いことされたことは絶対忘れない。死ぬまで忘れられねんだ。死んだたって忘れねぇ」そしてこう続くのです。「だからおれは人に悪いことしないんだ」と。

自分のことを偉い人間にみせたいならば、「昔のことだ、もうそのことは水に流した」とか、「相手にもそれなりの事情があったんだ」とか言えばいいのです。そうではなく、「絶対忘れない、だから自分は人に悪いことしない」と。

そしてその言葉通りに、どのようなときでも人のことを優先に考えて、ご自分はがまんをしていらっしゃる、そういう人でした。

たびたびやってくる訪問者たちのふるまい、ありようを気に病んで困っていらっしゃった時期がありました。「また来たんだ、手に負えねぇ」「あってはならないことなんだ」と、お稽古に行くたびにその話から始まることが三か月ほど重なっていたので、見るに見かねて「ハルさん、もう百歳なんだから、さんざん苦労してきなさったんだから、もう少しはっきり言いたいこと言ってもいいんじゃないですか?」と言うと、「いや、それはだめだ」と。施設にお世話になっているのだから、施設が迎えた訪問者に対しては絶対に悪い顔はみせない、そうでなければ施設に申し訳ないと言うのです。

また、あるところでハルさんと並んで写っている写真を見せていただいたことを話すと、「そんげしてだまって写真撮っていくしょがいるあんだ。いくら目が見えねていうたたって写真撮るていえばおれらってちっとはしゃんとしたかっこするのに」と。そんなこともありました。

もちろん、これらはごく限られた例でしかありません。でも有名になってしまったがために、ハルさんを利用したいだけで誠意も礼儀もないと思わざるを得ない、そんな出来事が時々は起こってしまうのでした。そのいちいちが、目は見えなくともハルさんにはちゃんと見えていました。そんなとき、いつも口にされていたのは「おれさえがまんしてりゃいいこんだ」という言葉でした。

そうしたハルさんの人となりを敬愛しているのが私ばかりであるはずはありません。私が出会うよりもずっと前から、ハルさんを「無形文化財保持者」としてだけでなく、個人として尊敬し、かかわり続けてきた方、またハルさんが亡くなられてからもその人柄や生き方に感銘を受けて、その芸に関心をもってくださる方もたくさんいらっしゃいます。そのような方たちに励まされ支えられて、私は今うたう場をいただいています。

それでも世の中にはいろいろな人がいるものです。あからさまな嘘や誹謗中傷、なかにはハルさんを「金になる」と公言してはばからない人……そんな信じられないような事態にでくわしたこともなかったわけではありません。そのようなことを思い出すとき、同時にハルさんの声がよみがえります。

忘れなくていいんだ、許せなくていいんだ、自分は絶対人にこんなことしないぞ、と。そう思うと落ち込んでいた気分が不思議と軽くなり、また前向きに頑張っていこう、と勇気がわいてくるのです。

そうしてやりすごしているうちに、私自身も思いがけない人から思いがけない場所で「あなたには悪いことをした、申し訳なかった」と謝られ、思い当たる一件についてすっかり忘れていたのでびっくりした、ということもありました。

なるほど、本当にハルさんの言葉は、どんな薬よりもどんなおまじないよりも効き目があるんですね。

ハルさんに叱られる

第三話で「ほめ上手」という言葉を使いましたが、ハルさんは同時に最高の「叱り上手」でもありました。

旅の途中で最初の師匠・フジ親方に山のなかで置き去りにされた話を稽古場で聞いているときのことでした。「おつらい思いなさったんですね」と受けこたえた途端に、ハルさんの顔色が変わりました。「おめは今何言うた」と厳しい口調でした。しまった、と思いましたがその瞬間は、自分の言葉の何がハルさんの怒りをよびおこしてしまったのか、私にはわかっていませんでした。

「いろんなしょが話聞かせてくれろて言うてくるからおれは話して聞かせる。本書きてぇて言えば苦労話聞きてんだろと思うてせつなかったこと話して聞かせる。それでも、いっくら話して聞かせたってわかるわけはねんだ。わかるなんて言うもんはうそつきら。よそのしょはそれでいいこてや。本書きてんだったら本書きゃいい。だろも、おめがそんげこと言うてのは何事ら」

すぐには返答ができませんでした。わかったようなもの言いをした自分の軽さが情けなくて申し訳なくて、でもそれ以上に「今私はこのひとに、『こちら側』の人間として受け入れてもらっているのだ」と感じて胸にこみあげるものがありました。

「すみませんでした。ハルさん……ありがとうございます……」

少しの間をおいて返したその声の調子で、ハルさんは私の心の動きを感じとってくださったようでした。「わかりゃいいんだ」と、ご機嫌を直してくださいました。

稽古がうまくいったときなどに「おれがもうちっと若かったらおめと旅したらよかったろうの」と再々言われるようになったのは、これから後のことです。

「そうですねぇ、私、もう少し早く生まれるべきでしたねぇ」と、にこやかなハルさんのお顔と共に思い出される会話のひとつです。

二十一　「上手」にうたってはいけない

もち尽くし[35]
もちでうまいのは　あんころもちよ
まだもうまいのは　きなこもち
それよりうまいのは　雑煮もちで
一番また　うまいのは　こころもち

縁起のいい楽しい文句ですね。ハルさんに教わった『鴨緑江節』の文句は、このほか「金(かね)のなる木」など元気の出るような楽しいものばかりです。

鴨緑江は朝鮮半島の付け根にある川の名前です。韓国併合時に朝鮮半島へ出稼ぎに行った日本人の筏(いかだ)のりたちが、現地でうたわれていた唄を聞き覚え伝えて、大正の終わりごろに流行したのだといいます。歴史的には負の側面を強くもつできごとでした。そんななかでも人々はたくましく生きていたのですね。庶民のレベルではこんな唄を運んできていました。

師匠・小林ハルさんからは非常にたくさんの唄を教えていただきましたが、この唄はそのなかでも最も苦労した唄のひとつとして思い出に残っています。

文句を五通り習ったのですが、それぞれに旋律の並びが全部ばらばらなのです。そのため、習い始めの時点でさっそくわけがわからなくなってしまいました。

文章で説明するのはなかなか難しいのですが、ひとつひとつの旋律に仮にAからEまで記号をつけるとすると、ある文句ではA→B→C→D→Eと並んでいるのに、別の文句ではA→C→D→B→Eと一部がひっくりかえっており、また別の文句ではA→B→C→EとなっていてDがない……といった具合です。

最初にこれを聴いたとき、「ハルさん、今どこかとばしませんでしたか?」などと間抜けかつ失礼な質問をしてしまい、「い〜や、とばしてなんかいない。ばかなこと言うな」と。今から思うと笑い話のようですが、そんな風に旋律がぬけたり順番が入れ替わったりしているとは思いも及ばなかったのです。

現在私が教える際には、あらかじめこういうことを説明してから唄を組み立てていくわけですが、ハルさんのお稽古はそうではありません。おまけにハルさんの唄は、何度も書いているように、うたうたびに違い、ひとつの旋律にも変化があります。最初はいったいいくつの旋律からなりたっているのかすら把握できず、ああそうか、こういうことになっているんだ、と得心するまでにずいぶん時間がかかりました。

不思議なことに、いったん覚えてしまうと唄として自然に流れるので文句ごとに旋律が入れ替わっているという意識はなくなります。ハルさんも普段はそういう意識なしにうたっていたので、私の頭のなかが混乱していること自体が理解できなかったのでしょうね。

どこかが違う

そうしてやっとどうにか形はできあがったのですが、その先がまた大変でした。何度うたってもどこか違う気がするのです。こういうとき、どこかしら本当に満足してはいらっしゃらないことがわかるのに、「ここをこう直せ」という指摘はしてくださらないハルさんでした。どこがおかしいのだろう、どこをどう直したらイメージ通りになるのだろうと、旋律の雰囲気がかわる部分で「間（ま）」をいれてみたり、ハルさんの録音をまねて少しうなり気味にしてみたり、いろいろ試みながら何度も何度もやり直して聴いていただきました。それでも答えが見つからずに長い時が過ぎました。

あるとき思いついて音程をぐっと低くしてうたってみました。うたい方は同じでも、受ける印象が違うのではないかと考えたのです。

するとハルさんが表情をやわらげて、

「あ〜、今のはようできた。そうやってうたえばいいんだ」

「前みたいに上手にうたってたら客が困るだろうが」と。

民謡を習っている方などはご存じかと思いますが、通常は自分の出せる最も高い音域でうたうように訓練することのほうが多いですね。高い音のほうが朗々と、きれいに、うまく聴こえるからです。

「すばらしい声ですね、お上手ですね」とほめるしかない、それまでの私の唄はハルさんにそんなふうに聴こえていたのでしょう。そんな窮屈な思いを客にさせるな。ハルさんの言葉はそういうことだったのです。

かつてハルさんの唄を楽しんでくださった方たちは、上手な唄を聴いてうたい手をほめそやすために集まったわけではありませんでした。瞽女宿は、芸術を鑑賞するような、そういう楽しみ方をする場所ではなかったのです。

スターはいらない

一年に一度、決まった時期にやってくる瞽女の一行を、村の人たちはとても楽しみに待っていました。それは、瞽女さんたちの唄や話を聴くのが楽しみなばかりでなく、久しぶりに近所の人たちと寄り集まっておしゃべりしたり、冗談を言い合ったり、和気あいあいと時間をすごすことそのものが楽しかったからです。ステージの上で映えるような、芸術家やスター歌手はそこには必要ないのですね。

「コンクールがあればいいのに」との発信にネット上で遭遇して驚いたことがあります。驚きというより、強烈な違和感を抱いたと言うべきでしょうか。「人それぞれ」があたりまえ、さらに完成形すらない瞽女唄のどこに審査基準を設けるのか私にはわからないのですが、違和感のもとはそこではありません。コンクールという考え方そのものが、瞽女唄の芸としてのあり方、その本質的な部分とかけ離れているのです。

コンクールというのは優劣をはっきりさせて順位をつけるということ。うたい手たちは上位に入ることを目指して稽古に励み、その成績がそのまま商売の看板になるということでもあります。瞽女のあり方がそれになじむものであるとは思えません。

瞽女は通常、ひとりで旅をすることはありません。少なくとも親方と弟子と手引きの三人づれです。五人の組になると縁起がいいと喜ばれたそうです。うたうときも、ひとりが主役でほかの人は補助、ということではありません。皆で座を盛り上げます。互いの演目にアイノテを入れあったり、ひとつの演目をリレーしてうたうこともあたりまえにありました。発声も三味線も人それぞれがもっているものを活かします。入れ代わり立ち代わり、見た目も年齢も違う人が登場することで、声はもちろん、うたい方も演目や文句の選び方も、自然に彩り豊かになるわけです。人数が増えればよりにぎやかになりますから、五人の組が喜ばれたということもわかりますね。

聴く側も、「泣きもの」ではしんみりと涙を流し、楽しい唄では手をたたき、愉快な唄では声をたてて笑い、男女の仲をうたう演目ならば、密かに思う人をちらちら見ながら楽しんでいたかもしれません。

まだ覚えたてのこどもが組に混じっていれば、「祭文松坂」を一流れずつ交代してうたうなどして、出番を作ります。上手でなくても一生懸命な姿がかわいらしいでしょう。一年ごとに少しずつできる演目が増えていく、その成長ぶりを村の人たちも楽しみに待っていたのではないでしょうか。

つまり、瞽女宿の楽しさは、いわば、瞽女さんたちと村人たち、そこにいるすべての人たちが力を合わせた共同作業の結果なのです。

そこにひとり、「どうだ、私が一番うまいだろう」というこれみよがしのうたい方やふるまいをする人がいたらどうでしょう。あるいは事前に予備審査会でも行って、うたえるのは上位ふたりまで、あとはアイノテと手拍子担当、とそんな仕組みであったとしたらどうでしょう。もしかしたら披露される唄の技術は飛躍的に上がるかもしれません。でも、それはもうすでに「瞽女唄」とは言えないものになっている、と言わなければなりません。

自分の声や三味線に自信をもつことは大事ですし、お稽古して上手になったところを認めてもらいたいという気持ちも理解できます。瞽女唄の愛好家そのものが少ないという現実もまた、その気持ちをふくらませてしまうのかもしれません。競い合えばもっと向上するという理屈もわからないわけではありません。

これから後、瞽女唄を愛好してくれる人が何百人にもなるようなときがきたなら、あるいはそんな考えもなりたつのだろうか……でも、それはもう私がこれからへ伝えたいと思っている瞽女唄とはまったくの別もの。私はそのような「瞽女唄」には興味がありません。師匠・小林ハルさんに学んだ、この芸の根っことも言える大事なものが、そこには欠けているからです。そしてまた、今私の唄を楽しんでくださる方たちの多くは、そんな瞽女唄の未来を望んではおられないと肌で感じているからです。

瞽女さんたちの思い出

あちこちで昔の瞽女を覚えている方たちに出会います。

「自分のうちに泊まった瞽女さんは唄のうまい人だったよ」と、どこか自慢げに教えてくださる方もあれば、

「唄がどんなだったかは覚えていないが、とにかく声が大きかった」とか、

「話の上手な人で昔話を聞かせてもらったことがある」

「愚痴話を聞いてくれるから夜になるとかあちゃんたちがいっぱい集まってた」

「頭がよくて世の中のことは何でも知っていた」

「化粧道具の刷毛でほっぺをなでてもらったことが忘れられない」など、さまざまな思い出がそこにはあります。

かつての瞽女さんの多くは唄が好きで瞽女になったわけではないのですから、必ずしも唄の上手な人ばかりではなかったでしょう。それでも、たとえ唄が得意でなくても、懸命に芸人として旅の暮らしを勤め、聴く人々と同じ場所、同じ空気のなかにいることで、人々の心に残っていたのです。いえ、むしろハルさんたちは記憶に「残してもらいたい」と思っていたように感じます。

私はお稽古に来ている方たちに繰り返し伝えています。ひとつひとつの唄を「完璧に」「ミスなく」「お稽古したとおりに寸分たがわず」うたう必要はないのですよ、と。

その私の言葉を、「お稽古はほどほどでいいのだ。へたでも通用する芸なんだ」と理解する弟子などいません。うまい人も、非常にたくさんの演目をそらんじている人もいるわけですが、彼らは「人と競い、一番になるために」ではなく「より深く瞽女と瞽女唄を理解するために、そして聴く人にもそれを伝えることができるように」努力しているのです。

「すぐれた瞽女唄のうたい手」の基準は「うまいかへたか」ではないのだ、ということを私はかつての瞽女を記憶に残してくださっている多くの方々と接するなかで学びました。そしてなにより、師匠とのお稽古の日々のなかで学びました。そのことを弟子たちにも、多くの方々にも伝えていきたいのです。

習得に苦労した分、瞽女唄の大切な一面を教えてくれるきっかけともなったこの『鴨緑江節』は、その文句の面白さからどのような場でも喜ばれ、今では私のレパートリーのなかでも演奏する機会の最も多い演目となっています。

二十二　消えた「三条組の節回し」

ハルさんは「祭文松坂」を三種類の異なった節回しでうたい分けることができました。「地蔵堂の節回し」[36]「長岡瞽女屋の節回し」「新津組の節回し」[37][38]（習得した順）の三つです。

このうち、ハルさんが最後までよく使っていらっしゃったのは「新津組の節回し」。三つのなかでは比較的ゆったりとした節回しです。残されている録音のほとんどはこの節回しでうたわれています。こうした録音でハルさんの唄声に接したことのある方がイメージなさるのも、また現役の頃のハルさんを覚えている方が当時の記憶を呼び起こすことができるのもこの節回しなので、私の演奏会でもよくこれを使っています。

いくつもの節回しを使いこなすことは瞽女として普通なわけではありません。私のもうひとりの師匠、高田瞽女の杉本シズさんは節回しを複数もってはいませんでした。シズさんのように、最初についた師匠にかわいがられて、瞽女をやめるまで一緒に暮らしていたなら、ひとつの節回しだけで十分だったわけです。でもハルさんはそうではなかったのです。

ハルさんからは非常にたくさんの思い出話をお聞きしました。ただ、年代や項目別に順序だてて聞いたのではありませんでした。稽古のなかで折にふれ、思いつくままの世間話でのことでしたし、私のほうも本や年譜をつくるような意図をもって尋ねたわけではありません。年齢や地名をはじめ、細かいことについてはあえて聞き直したり確認したりもせず、自然ななりゆきに任せていました。そんななかでも、ハルさんが三通りの節回しをいつどこで誰に習ったのか、ということが断片的に見えてきました。

三人の師匠

五歳で最初の師匠・樋口フジ親方につきましたが、この師匠はハルさんの言葉によると「意地の悪いことされて、じゃまにされて、よい思いなんてひとつもない」、そんな関係だったということです。この親方は「三条組」の瞽女でした。十年ほど勤めたあと、この師匠の元を離れました。

フジ親方から離れるときは瞽女をやめるという約束だったのですが、ハルさんの実家に泊まった瞽女さんの勧めで十六歳で地蔵堂（地名）に住むハツジサワ師匠につきました。このとき、「瞽女をやめると言ったのに約束が違う」と言われて、自分の稼ぎで買った三味線をフジ親方にとられてしまい、サワ師匠に三味線を貸してもらった、と聞きました。

サワ師匠はとても優しい人だったということです。サワ師匠にとってもハルさんは初めての弟子だったそうで、「目が見えなくたって音は聴こえる。祭りにいって楽しんでくればいい」

と小遣いをもたせてくれたことや、唄だけでなくいろいろなことをほめてくれたし教えてくれた、など懐かしそうに話しておられました。その話しぶりから大事にしてもらっていたことが伝わってきました。この人は「長岡組」の瞽女でした。

「三条組」から「長岡組」へ。組が違えば節回しが違います。一緒に旅をして仕事をするのに違う節回しでは都合が悪い。そこで、あらためてこのサワ師匠から習ったのが「地蔵堂の節回し」です。

サワ師匠はハルさんを長岡瞽女屋へ連れて行ってくれました。そこは、山本ゴイを代々襲名する長岡瞽女頭の屋敷でした。ハルさんが瞽女という組織の一員となったという報告の意味があったのでしょう。とても大きい屋敷で何百人もの瞽女さんが集まるところだったそうです。こうしてサワ師匠のもとでハルさんは初めて「一丁前の」瞽女と認めてもらうことができたのでした。またそれだけでなく、習ってきなさいと稽古にも通わせてくれたそうです。ここで覚えたのが「長岡瞽女屋の節回し」です。長岡瞽女屋では教えてくれる人が何人もいたそうですので、大親方の山本ゴイ本人から習ったのかどうかはわかりません。

「サワ師匠はいい人だったから、ずっと一緒にいたかったんだ」というハルさんの願いにもかかわらず、サワ師匠とは早くに死別してしまいました。わずか五年ほどの縁だったということです。ですからこの短い期間に、ハルさんは「地蔵堂」と「長岡瞽女屋」の二種類の節回しを習得したことになります。目の見えない人が、今までなじんできた節回しを新しいものに変える、しかも同時期に二種類覚えるというのは、目の見える私の経験から考えても非常に難しいことだったに違いありません。録音機などもない時代です。並大抵の努力ではなかったはずです。

さらに次の師匠が「新津組」の坂井キイ師匠です。師匠とはいっても、ハルさん自身も大人になり、自力で稼ぐことができるようになっていましたし、すでに弟子をもって家を構えており、それまでのフジ親方、サワ師匠とは違う、もっと自由な、対等に近い関係だったようです。ハルさんが小須戸町・萱森家（夫の実家）の土地に住んで義母と親しくしていたのはこの時代です。小須戸は新津の隣町です。

キイ師匠との旅は、瞽女を温かく迎えてくれる土地が多かったといいます。この時期にかわいがっていたヨシミちゃんを亡くすという出来事もありましたが、紙張りの三味線を使っていたハルさんが初めて皮張りの三味線を手にしたのもこの頃ですし、ハルさんの瞽女人生の中では最も平穏な、よい時期だったのではないかと思われます。このキイ師匠の元で覚えたのが「新津組の節回し」です。

この後戦争が始まって世の中も変わり、ハルさんは運の悪いことも重なって、暮らしも成り立たない苦しい時期がありました。そんなときに出湯（でゆ）温泉に流れ着き、二瓶文和さんと出会いました。この方のことはまたのちに書くことにします。

やがてハルさんは瞽女の商売をやめて福祉施設に入居します。ふたつめの施設が「胎内やすらぎの家」。私がハルさんと出会い、お稽古に通った施設です。ハルさんはここでは百五年の生涯を閉じました。

伝えないという選択

こうしてハルさんの歩みを追ってみたときに気がつくことがあります。ハルさんが使っていた「祭文松坂」の節回しは実は四種類だったのです。本話の冒頭に三種類と書きましたが、その三つの前に、最初の師匠に習った「三条組の節回し」があったはずです。でも私はこの節回しを習うことはありませんでした。

ハルさんはこの「三条組の節回し」だけ忘れてしまっていたのでしょうか？

そうかもしれません。でも私にはそうは思えないのです。

その次にサワ師匠から習得した「地蔵堂の節回し」を使っていたのは五年ほどに過ぎません。にもかかわらずハルさんはこれをほぼ完璧に覚えておられました。

「地蔵堂の節回し」と「長岡瞽女屋の節回し」のように同時期に複数を習ったなら、ごちゃごちゃになってわからなくなったということもあるかもしれません。ですが、「三条組の節回し」はそうではありません。

むしろ、この「三条組の節回し」こそ、どの節回しよりもしっかり覚えているのが当たり前なのではないかとさえ思います。なぜなら、瞽女の道に入ってすぐの幼い頃に必死の思いで覚え、十年もの間それだけを使っていたはずの節回しだからです。自分の幼い頃や自分のこどもたちのことを考えても、五歳から十五歳くらいまでの間に耳になじんだメロディは、覚えようと努力したものでなくても耳に残っています。ましてハルさんの場合は、その唄に自分の暮らしがかかっており、毎日毎日かかさずに稽古していたのです。

一番先に習ったものだから記憶が古くて忘れた、という理由もなりたちにくい気がします。幼い頃の話をしているときなどにふいと、こんな唄があったんだ、とお母さんに習ったという手遊び唄なども教えてくださいましたし、断片的ではありましたが最初の師匠につく前の記憶もしっかりとしていました。それなのに、この「三条組の節回し」についてはお亡くなりになるまでついに一度も、この節回しの存在すらも口になさったことはありませんでした。

昔の話を聞かせてくださるのはいつものことでしたが、サワ師匠の話になればサワ師匠の節、キイ師匠の話になればキイ師匠の節を再現してくださったのに、最初のフジ親方についてだけはそのようなことがなかったのです。

もしかするとハルさんは、このフジ親方から習った節回しを伝えたくなかったのではないだろうか。そんな気がしてなりません。あるいは思い出し再現することで当時の辛い経験がよみがえってくるような気がして、サワ師匠の節回しを身につけた後はフジ親方の節回しを拒否してきた、そのためにこの節回しだけは記憶していなかった、そういうことなのかもしれません。

芸は人

一度だけ、このフジ親方に教わったはずの節回しについて尋ねたことがあります。ハルさんの答えは「無言」でした。耳も遠くなっていらしたので、聞こえなかったのかもしれない、とは思いました。でも、「よそのもんの声は聞こえないが、おめの声や寮母さんの声は聞こえる」とおっしゃるハルさんでしたので、私は同じ質問を繰り返すことをやめました。そしてお亡くなりになるまで、ハルさんのほうからも私のほうからも、二度とこれについて触れることはありませんでした。ハルさんを「人」としてでなく「研究対象」「文化財」として考える立場の人からみれば、なんてもったいない、ということになるのかもしれません。でも私はこのことを後悔していません。

「芸」はそのまま「人」です。たとえばこれを書いている私自身も、師匠が小林ハルその人でなかったなら、おそらく今こうして瞽女唄に関わってはいないはずです。

伝えられた節回しだけでなく、「三条組の節回し」をお伝えにならなかったという事実もまた、小林ハルという一芸人の弟子として、次の世代へつなげてゆかなければならないと私は考えています。

自分の芸を伝えてくれるかもしれない弟子を、目先の欲や感情で粗末に扱った、その時点でその人の芸は次代に伝えられる資格を失ってしまうのです。

「いずれは過去になってゆく今」を「未来」へつなげることができるかどうかは、「現在」のあり方次第なのだということを忘れないように心がけたいものです。


現在、瞽女唄をうたうという人、あるいは「伝承」「継承」という言葉を使う人も多くはありませんが存在します。ハルさんの大きな写真を掲げての演奏会なども見ることができます。こんなマイナーな芸でもかかわろうという人がいることを心強く感じます。だからこそなおのこと、先生は次につながる人たちを大切に育てているだろうか、逆に、弟子は先生を大事にしているだろうか、仲間同士互いのレパートリーを教えあったり情報交換したりして、助け合っているだろうか。そんなことがついつい気になってしまいます。

師匠を大切にし、仲間を大切にし、次につながる弟子たちを大切にしなくては芸の道はなりたちません。芸は人から人へつながるものなのですから。

「三条組の節回し」は消えてしまいました。消えることで、私たちにとても大きな、重要なことを教えてくれているのだと、そう思われてなりません。

二十三　よみがえった節回し

前話でハルさんが伝えてくださった三種類の節回しのことを書きましたが、そのうち「長岡瞽女屋の節回し」[39]については、実を言うとハルさんは私が弟子入りしたとき、すでに忘れてしまっておられました。「長岡瞽女屋の節回し」という言葉とその存在、それをどこで習ったのかは記憶していらっしゃったのですが、それがどんなものだったのか、再現できなくなってしまっていたのです。

この節回しを習った期間は短く、またもうひとつの「地蔵堂の節回し」と同じ時期に別の人から習ったものであること、さらにはこの節回しで商売をしたことがあまりなかったせいなのかもしれません。

なんとかしてハルさんの記憶を掘り起こすことはできないかと考えていたところ、幸い録音に残されているものが見つかりました。ごく短いものですが、残されているハルさんの唄はほとんどが「新津組の節回し」なので、「長岡瞽女屋の節回し」の録音は本当に貴重なものということになります。ところがその録音を聴いていただいても、ご自分の声であるにもかかわらず、ハルさんの記憶はよみがえってきませんでした。

そこでそれを聴いてなるべくそっくり同じになるように形作って、私の声と三味線でハルさんに繰り返し聴いていただきました。すると徐々に「ああ、そうだった、そこはこんな風に唄わねばならないんだ。そこはこう伸ばして唄えばいいんだ」などと応じてくださるようになったのです。いったん思い出してしまえば、あとはお稽古のたびごとにどんどん深くなってゆくのでした。

そこまでしなくても、と思う方もおられるかもしれません。でも私にはそこまでしたい理由がありました。そのひとつはハルさんの記憶がもう少しのところまで戻ってきている、という感触があり、あと一息なのではないかと感じたこと。ふたつめがその時点での自分の未熟さです。

記録として残されたものからでも形はコピーできますが、それはたたき台ができたというだけのこと。基礎がしっかりできていれば、そこから先は自分で発展させられるのですが、当時の私はまだその段階にはありませんでした。ですからできることならハルさんに思い出していただきたかったのです。

この「長岡瞽女屋の節回し」がハルさんによみがえってきた当時のことについては、今でも忘れがたい喜びを伴って思い出されます。

生きた演目の習得

第十五話に「ハルさんとのお稽古はまるで底なし沼のようだった」と書きましたが、百歳になろうという目の見えない方から習うわけですから、具体的には一から十まで手取り足取りというものではありませんでした。あらかじめ自分の耳で形を作ってゆき、それに対して指導していただくのです。

形をつくる手本になるのは、稽古でうたっていただいたときの録音だったり、記録に残されているものだったり、その両方だったりしました。

くっきり段階がわかれているわけではありませんが、お稽古は大体次のような道筋です。

①　ハルさんにうたっていただいたものを録音する、または手本になる記録を探す
②　それを聴いてさまざまに現れる変化形を整理して資料を作る
③　できるだけそっくりになるように真似をする
④　なにも見ないで弾きうたえるように仕上げる
⑤　ハルさんの前でうたって聴いていただく、指導を受ける
⑥　再びうたっていただいたものを録音する、そして②に戻る

これをどんどん繰り返してゆくわけです。

ハルさんの寿命との競争でもあると自覚していましたので、お稽古になれてきた頃からは、一回のお稽古で短いものなら三つほどに同時にとりかかっていました。新しい演目いくつかと、再度練習し直す演目とが常に目の前にある状況でした。そのため四六時中頭の中はいっぱいいっぱいで、もし転びでもしたらその瞬間に全部こぼれてしまうのではないかと思うほどでした。笑い話のようですが、本当にそんな毎日だったのです。でも、そうしたお稽古のやり方になじんでいたおかげでこの節回しのように記録にはあるけれどハルさんの記憶から消えてしまっていた演目や、逆にどこにも何の記録も残っておらず、ハルさんの記憶の中だけでかろうじて生きていた演目を習得することができました。同時にうたうたびに変化する即興性の面白さや難しさを学ぶこともできました。

現在私の元で瞽女唄を学んでいる人たちも基本的には同じやり方をしています。もちろん、なるべくわかりやすく工夫して説明したり、私の作った資料を見たり聴いたりしてもらいます。演目それぞれに違うノリや覚えこむときのコツなども伝えて、スムーズにいくようにお手伝いするわけです。それでも今までなじんでいたどのジャンルの音楽とも異なっているため、二分くらいの演目を何とかうたえるようになるまでに、半年以上かかることもあります。さまざまな変化になじんで、自分の形ができるまでにはもっと長いお稽古が必要です。手っ取り早くできるようにわかりやすい形に変えれば簡単なのですが、それでは「瞽女唄風」

ではあるけれども、どこか違和感のある異質なものになってしまうのです。

昔の稽古の方法

さて、昔の本当の瞽女さん、目の見えない瞽女さんはどのようにお稽古していたのでしょうか？

ハルさんによると「初手のもん（初心者）」に三味線のイロハを教えるときは、師匠が背中からおおいかぶさるようにしてバチの使い方や勘所の押さえ方を教えたそうです。糸の換え方や調弦など、三味線の扱い方もひとつひとつ手を重ねるようにして教えられたといいます。ハルさんも、シズさんも、目が見えないとは思えないスピードで三味線を扱っておられました。三味線は「大事な宝物」といった感じではなく、非常に身近な道具のような触れ方だったのが印象に残っています。

節回しや文句は、目に頼れないのですから、完全な口移しということになります。忘れてしまってもう一度教えてもらうことになれば、再び謝礼を払わねばなりません。そうした意味でもいったん覚えたものは失わないように、常に頭のなかで繰り返していたのだろうと思います。私がお稽古に通っていた時期も「あんたがくるから忘れていらんねと思うて口のなかでそらんじていたら、寮母さんにもうぐれたか（認知症になったか）て心配された」と笑っていらしたことがありました。

私も今は夜寝る前に、ふとんのなかで「祭文松坂」のどれか一段を頭のなかでそらんじるのが習慣になっています。でも、目の見える私は忘れてしまったら書いておいたものを読み返すことができます。昔の瞽女さんたちからみれば、楽なわけですね。

二十四　瞽女唄の神様

ハルさんの瞽女としてのすごさは、その記憶力だということはよく言われます。非常に多くの演目をキープしていて、レパートリーは五、六百もあったと書いてあるものもあります。

一度、「本当にそんなにあるんですか？」と聞いたところ、笑いながら「そんがにはねぇろう、数なんぞおれもわからね。おめぇ数えてみれや」と。そこで新発田市が記録したものや、その他の書き物などにあるものも含め数えてみました。するとなかには同じ唄が別の名前で複数回記録されているものも見つかりました。ハルさんのうたい方はその時々でかなり変化があり、ときには別の唄かと思うほどに違うこともあります。唄の名前はどれも通称なので、違う名前で言われたら別の唄と認識してしまうのも無理はありません。また、ひとつの唄に使える文句も非常にたくさんあり、選ぶ文句によって別の唄に聴こえる場合もあります。さらには、なまりをどう聞き取り、どう表記するかによって、同じ唄が複数回記録されていることがあります。結局数えることは途中であきらめたのですが、少なくとも百五十くらいはあったのではないかと思います。私が稽古したものだけでも百二十ほどあります。録音やメモなしにキープしていたのですから私にはまねできそうにありません。

でも、本当にすごいのは記憶力ではなく、唄や三味線の技量そのものなのではないかと私は思っています。


『どどいつ』[40]を稽古したときのことです。「ちょっと三味線かしてみろ」と直してくださった部分があります。それは、ある音を二の糸で弾くか、三の糸で弾くか、という違いでした。三味線という楽器は、同じ音程をどちらの糸でもだせる場合があります。たとえば【二の糸の6】のツボと【三の糸の0】、どちらを使ってもかまわない場合があるのです。調弦によってはまた別の弾き方もできます。でも二の糸と三の糸では、音程はおなじでも音色が違ってきます。ハルさんはたった一度聴いただけでその違いを聞きわけて「そこはこっちの糸を使え」と指摘してくださったのです。

ハルさんの演奏の録音を手本に「音」を写し取ってきたつもりでいたのですが、私がとらえていたのは「音の高さ」だけだったのです。

筋金入りの芸人

またこんなこともありました。うたっていただくときにはあらかじめ調弦を済ませた三味線をお渡しするようにしていたのですが、私がうっかり調弦を間違えていたのです。ハルさんが弾き始めてすぐに違っていることに気がつきました。私もハルさんも、です。そこでいったんやめてやり直すのが普通ですよね。ところが、ハルさんは中断せずにそのまま最後まで弾き終えてしまったのです。多少の違和感はあっても、失敗したといえるような演奏ではありませんでした。うたい終わってから、「調弦違ってたがこれでもできるもんらの」と。これには驚きました。

声の音域もとても広く、うら声を使わないうたい方であるにもかかわらず、高くても低くても自然な声でした。ふたりでの掛け合いや、ひとつの唄をリレーするような場合は互いの高さをそろえなければ不都合なわけですが、「おれはどんげな高さでもうたわれるすけ、相手に合わせるんだ」と言っておられました。

一瞬にして音質を聞きわける耳、すぐさまそれを再現できる技術。声はもとより三味線までを体の一部であるかのように自在に操って、記憶をたぐりよせながら的確な手段で表現してゆく応用力。高くても低くても相手に合わせ、三味線の調弦がいつもと違っていても動じない胆力。ひとつの唄を何種類もの節回しでうたうことができ、さらにそれぞれの節回しをいかようにも変化させてうたい、その場の状況によっては速くも遅くも自在に調節でき、文句も膨大なストックの中から当意即妙に選び出して使いまわす。

それらはすべてお客人を喜ばせるためのあたりまえのことで、特別なことではないというのです。

小林ハルという人を端的に言葉で表すとするなら「超一流の、筋金入りの誇り高き芸人」というほかありません。唄にどう向き合うかという精神的な面ばかりでなく、それに裏打ちされた技術とが両輪そろった「超一流」でした。

ハルさんはいつも「おれは上手でもなんでもない。ほかがみんな死んだから人が寄ってくる」と言っておられましたが、それはハルさんのとんでもない思い違いです。

「瞽女唄の神様」がどこかに存在して、この芸を後の世に伝えるためにハルさんを選び、大変な苦労をさせて、瞽女が消えてゆく時代にたちあわせたのではないか、そんな気がします。

瞽女唄を「生きた唄」としてこれからに伝えるためには、「最後の瞽女」はハルさんでなくてはならなかった。私はそう思っています。

変化と伝承

小林ハルという芸人の技術のすばらしさについて書いてきました。

それによって多彩な変化が生み出され、その多彩さが瞽女唄の魅力をさらに深めています。瞽女唄が魅力的であり続けるためには、こうしてゆるやかに変化してゆくことこそが必要なのです。

では、そうした変化をもとりこみながら「保存・伝承」するためには、何を心がけ、どのようにしたらよいのでしょう？　今まで瞽女さんたちはどのようにしてきたのでしょう？

前話で、新しい演目に取りかかるときは、まずハルさんに演奏していただいたものを録音して、そっくりをめざして真似をすると書きました。でも実際には「そっくりをめざさない」場合もありました。なにしろ私が入門したときハルさんは九十四歳、いかにすぐれたうたい手であってもさすがに多少のズレ・ユレが生じるのはあたりまえです。その日の調子によっては、そのズレ・ユレが大きいときもあります。そういうときは、今現在のハルさんがうたったものから、ハルさんがうたおうとした元の形を類推して作る、ということをごく普通にやっていました。

それをもとに覚えたものを聴いていただき、ハルさんの意見をうかがうわけです。ほとんどの場合は「それでいい、よくできた」でしたし、「ここんとこはこうしてもいいんだ」など言ってくださることもありました。

新発田市による大量の音源記録の存在を知ってから、そこにある「過去」のハルさんの唄と、お稽古時の「現在」のハルさんの唄にもとづいて形づくったもの、このふたつを聴き合わせてみることもありました。するとほぼぴったりになっていて、よしよし、と納得したものでした。

二通りの『信州追分』

私がこうしたやり方に慣れていたことから生まれた、思わぬ拾い物とでも呼びたくなる唄がひとつあります。『信州追分』です。

私の知っている「ハルさんの『信州追分』」は実は二通りあります。お稽古場でハルさんがうたってくださったときの録音と、記録・保存のために録音された七十代のものです。ところが、同じ唄であるはずのこのふたつが、別物と言いたくなるくらい違うのです。

この唄に限らず、瞽女唄はみな変化こそが真髄と言ってもよいほどにさまざまに形を変えます。それでも時期の違う録音がこれほど別物に聴こえるのは、私の知る限りではほかにありません。違っているのに、どちらも確かに同じ唄であることがわかるのが不思議です。

「追分」というのは、もともと道がふたつに分かれている地点を指す言葉で、昔の街道筋などには追分という地名が残っているところがたくさんあります。

信濃追分の宿(しゅく)でうたわれていた追分節が越後に伝わって『越後追分』となり、さらに北上して『江差追分』となったといわれていますが、ハルさんの『越後追分』も含めて、これらは比較的ゆったりとした唄です。

ですが一九九七年四月の稽古場での録音をもとに作ったものは、どちらかというと軽快な唄に仕上がりました。

私もマメだがお前もマメかい[41]
ふた豆合わせて煮豆になりましょ

ドンてば駆け出す気早い女じゃ
出てみりゃ風だよ
三里もさきだよ

こんな軽妙なアイノテの感覚を全体にただよわせるように作り上げたその唄は、なにか元気が出てくるような心地よさがあります。稽古場で手本をうたってくださるときにはわかりやすいようにという配慮もあってかゆっくりめになっていることが多かったので、ズレ・ユレを修正して整える段階で、いつものとおり少し速めにと意識しました。そうした私の唄を聴いて、ハルさんも「いいのう、これはいい旅の唄らのう」と満足げなご様子でした。「いい人と歩けば祭り、悪い人と歩けば修行」との言葉をハルさんは残しています。そんなハルさんから「いい旅の唄」という言葉をいただけたのが嬉しかったことをよく覚えています。

ところが、ハルさんがお亡くなりになられてからのちに記録音源でみつけたものは、従来の追分節のイメージに近い、稽古場の唄よりも少しゆっくりめでしっとりした感じのものだったのです。

そこで、私はいったんこちらのバージョンも作ってみました。そして考えたのです。どちらを自分のレパートリーとして残そうかと。

少しだけ迷いましたが、結論は最初から自分の心のなかにあったような気がします。私はお稽古のときうたっていただいたものを元にして形作った、軽快なほうを残すことにしました。

記録として残っている形は、ある程度の経験がある人ならば誰でもまねをすることができるし譜面に起こすことができます。おおざっぱな私などが残さなくても、もっと完璧にコピーできる人だってたくさんいるはずです。何よりも私にとって重要なのは、その唄にはハルさんとの思い出がない、ということです。

「人を通して伝わる」ということは、師匠と弟子という直接の間柄であれば「思い出」と表裏一体となっている、と言い換えてもいいでしょう。

たとえハルさんが高齢になったためにうたい方が変わっていたとしても、受け取った弟子が自分なりに再現した、そうした経緯であっても、それを実際に聴いていただいたときのハルさんのご様子を、私は思い出すことができます。思い出すたびにこの唄にたいする愛着が増してゆくのです。これが、耳から耳へと伝わる芸能の伝承のあり方としてはごく普通のことなのではないかと思うのです。

第十九話に書いた『瞽女松坂』と『門付け松坂』の例がそうであるように、ときとしてこうした思いがけない変化が生まれるということもまた、口承芸能である瞽女唄の魅力のひとつだという気がします。

「保存・伝承する」と前述しました。そんな風にひとくくりにされてしまいがちではあるけれど、「保存」と「伝承」は同義語ではないのですね。重なる意味合いもあるかもしれませんが重ならない意味合いもあるのです。

「保存」はけして間違うことのない機械や、箱のなかにしまっておける書物にお任せして、うたい手でなくてはできない、人から人への、それぞれの思いが重なる「伝承」を心がけてゆくつもりです。

二十五　手遊び唄とハルさんのお母さん

どこにも記録がない唄が、何かの拍子にひょいとハルさんの記憶の底から飛び出してくることがあります。そういうときは嬉しくて嬉しくて、夜その日のお稽古を思い返しては反芻してなかなか寝付けないこともあったくらいです。そのひとつが手遊び唄でした。

会津の思い出

あるとき会津（福島県）でうたわせていただくことになり、いつものように「来月行ってきます。会津へ行ったときのこと、会津で喜ばれた唄など覚えていらっしゃいますか？　もしあったらそれをうたえば喜んでくださると思うので」とお聞きしたところ、「行ったことがある。唄の思い出はないが会津はよく覚えている」と。

その思い出は最初の親方・フジさんとの旅でした。フジ親方というのがどのような人であったかは、第二十二話にあるとおりです。楽しい思い出であるわけはありません。会津への旅の途中で「お前は商売の邪魔になるからここから先は連れて行けない。自分たちが商売を終えて帰ってくるまでここで好きにしていろ」と、おいていかれたのだそうです。そのとき泊めてくれた家の人が、「うちも暮らしは楽ではないけど、子守でもしてくれればうちにずっと泊まっていいいんだよ」と言ってくれたというのです。

「目の見えない少女に子守？」と今の感覚では意外ですが、当時は珍しいことではなかったようです。小須戸の萱森家の土地に住んでいたときも、工場に通う母ちゃんたちから「仕事の間、こどもを見ていてくれ」とよく頼まれたと聞いていました。ハルさんは目は見えないけれど、話が上手ですし人の気持ちのわかる方でしたから、子守上手だったかもしれませんね。

ですがこの会津の話を聞いたときはびっくりしました。その家のこどもは双子だったというのです。その頃私は三歳違いの長女長男の子育てに手を焼いていましたので、双子なんてひとりでどうやって？と思って聞いてみたのです。

すると「どうってことはない。ひとりおんぶしてひとり抱っこして洗濯物でも干してりゃ日が暮れる」と、こともなげな答えでした。「でもぐずったり泣いたりするでしょう？」とさらに聞くと、「そしたら唄を聴かせるんだ。ふたつみっつうたうているうちに寝てしまう。こどもはそんなもんだ」と。

この会話がハルさんから手遊び唄を教えていただくきっかけとなりました。

各地の手遊び唄

東京発の、あるいは全国共通の遊び唄しか知らなかった私は、ハルさんの遊び唄の魅力に夢中になってしまいました。まだ他にありませんか、もっとありませんか、と稽古のたびにねだる私に、「おめみたいな唄バカは会うたことがねぇ」と笑いながら教えてくださいました。これらの唄を、こどもたちと声を合わせてうたった時期もありました。当時は当たり前の日常だったのですが、考えてみればとてつもなく贅沢な思い出ですね。

七種類の手遊び唄を教えていただきましたが、そのなかで比較的きれいに録音が残っているものが『さんじょなむえ』です。「手遊び唄たくさん教えていただきましたけど、今までに教えていただいたものの他にもまだあるんですか?」という私の問いかけに、「いくらでもあるわや」と答える会話から録音は始まっています。このときすでに百歳のハルさんでしたが、ひとたび記憶を掘り起こすと流れるように唄や言葉があふれ出すのでした。

『さんじょなむえ』[42]の文句は次の通りです。「さんじょ」はハルさんの生まれ故郷の三条のことです。

一げちょ二げちょ三げちょ桜　桜のまたにものくわぬ鳥が
すっぽうはっぽうはるなのはやし　こいけのつるぎ
さんじょなむえ中娘

年は十六名はおゆみ　おゆみのきりょうのよいままに
沖ぬ船頭さんに仲人して
はるなの長者にもらわれて
わずか三年たたぬに大病わずろうて　医者もてんしゃもごてんしゃも
お薬飲めども験はない　お針すれどもげんはない
おゆみなじらと(どうだと)問うたれば　親元恋してなりませぬ
さあさこれから親元へ　にわかにおかごを組み立てて
三月三日に送り出す　四月八日にいぎついた
おゆみよう来たまずあがれ　じょうずこんぶくろはおばばさま
櫛やこうがいおっかさま　手箱針箱あねさまへ
弓矢鉄砲はだんなさま　てっちがらがらこどもしょへ
枕の下の五両の金　長者のお寺へあげてくれ　あげてくれ

「三条のおゆみちゃんは器量よし。お金持ちと結婚しましたが病気になってしまいました。嫁ぎ先では『医者もてんしゃもごてんしゃも』『お薬』『お針』と手を尽くしてくれましたが良くなりませんでした。実家へ運んでもらい、おばあさんやお母さんたちに形見の品を残しましたとさ」……軽快でお手玉やまりあそびに使えるメロディなのに、とても悲しい文句ですね。

習った遊び唄は「今日も天気ゃいいし」「ひとつがらがら」「ひとつ火箸で焼いたもち」など楽しい文句の唄も多いのですが、あえてこの『さんじょなむえ』をご紹介するのは、ハルさんがこれをお母さんから教えてもらったと言っておられたからです。

厳しかったハルさんのお母さん

ハルさんのお母さんというのは、目の見えないわが子が自分がいなくなっても生きていけるようにと、厳しいしつけをしたことで知られています。できるまでやれと言われたことができないと、ご飯を食べさせてもらえなかったそうです。ハルさんの口からは「こどもの目が見えねんだもの、せつなかったんだろうて」と聞いた程度で、なつかしそうに語るなどということはありませんでした。亡くなったときも涙は出なかったそうです。

そんな厳しい日々のなかに、この唄はあったのです。これが出てきたのは最後の最後でした。ハルさんは百歳になってもこの唄をすらすらと最後までうたうことができました。

みなさんは、お母さんが教えてくれた、または口ずさんでいた唄を覚えていらっしゃいますか？　私にも、夫にも、残念ながらそういう唄はありません。でも、どちらの母親も、それぞれの境遇のなかで懸命に育ててくれました。そのことを私たちは覚えています。ふたりとも九十を超える長命で、いつもつかず離れずそばにいて、いろいろなものを残してくれました。

ハルさんのおかあさんは、自分にはそれができないとわかっていました。だからそのかわりに「ひとりでも生きてゆける力」を残そうとしたのでしょう。
「おっかねかった（こわかった）んだ」と言うハルさんでしたが、お母さんの望んだとおりに、お母さんが亡くなった後も立派に生きることができました。今、その生き方やひととなりに感銘を受ける人は少なくありません。なかには、ハルさんとの出会いをきっかけにその人生を変えてしまう人もいます。私のように。
向こうの世界でハルさんとお母さんが出会えているといいな、と思います。もしそれがかなったなら、ハルさんは、病気がちで早くに亡くなったお母さんよりずっと年上です。思い浮かべるだけでなんだかちょっとほほえましいような、でもちょっと緊張するような再会ですね。

ひとつとでたなりや

さて、もうひとつ忘れがたい唄があります。教わった七つの遊び唄のなかにとても気になっている唄がありました。その唄と、ハルさんがお亡くなりになってからずっとのちに再会することができました。『ひとつとでたなりや〔43〕』です。

ひとつとでたなりや
　ひとの知ったる大阪の　ところは難波の病院で

ふたつとでたなりや
　ふた親揃うてありながら　おそばで看病ができませぬ
みっつとでたなりや
　皆さん私のふりを見て　あわれ不憫と思てくれ
よっつとでたなりや
　よもやこんなになろうとは　ふた親夢さら知らなんだ
いつつとでたなりや
　いつの検査に出てみても　全快する日のさらにない
むっつとでたなりや
　無理なおかみの憶測で　難波の病院いれられる
ななつとでたなりや
　長い廊下も血の涙　こうしているのも親のため
やっつとでたなりや
　山中育ちの私でも　病院こわめし食べ飽きた
ここのつとでたなりや
　ここでこうして死ぬならば　極楽浄土の真ん中に
とおとでたなりや

遠いとこから面会に　会わせてください院長さん
じゅういちとでたなりや
　一段二段のはしご段　登れば我が家の部屋となり
じゅうにとでたなりや
　十二薬師に願をかけ　早く病気がなおるよに
じゅうさんとでたなりや
　さんざん苦労もしてみたが　こんな苦労は今はじめ
じゅうしとでたなりや
　十四の時から客をひき　片手にかんざし血の涙
じゅうごとでたなりや
　心ながらもこの手紙　わが家へ届けてくださんせ
じゅうろくとでたなりや
　ろくでもないことぐずぐずと　それでも会いたい親しょうに
じゅうしちとでたなりや
　十七島田も結てみたが　病院さがれば乱れ髪
じゅうはちとでたなりや
　八人兄弟あるなかで　わしほど因果のものはない

じゅうくとでたなりや
　苦渋の子別れ知るよりも　ぬしさんの別れがなお辛い
にじゅうとでたなりや
　苦い薬も今日限り　あしたは冥途へおくられる
極楽浄土の真ん中で

この唄との再会は二〇一三年春のこと、一本の電話で始まりました。新潟市にお住まいの渡邊やよひ様から「このような唄に心当たりはないだろうか」とのお問い合わせでした。その一部を聞いてびっくりしました。気になっていた唄とほぼ同じ文句だったからです。教わったときにはハルさんの記憶が明確ではなく、うろ覚えだった部分にほかの唄の文句をはめたのだろうと思われる部分がいくつかあり、不完全な形のままだったのです。

渡邊さんによるとこの歌は老健施設の利用者であった「キミさん」が覚えていたものだそうです。そこにお勤めだった渡邊さんがこれを引き出した時期は、一九九九年から二〇〇一年の間とのこと。ハルさんの百寿を祝う会が催され、私の死産・出産、義母とハルさんの再会などの出来事があった頃ということになります。

その後、衰えて声さえ出なくなった状態のキミさんにうたってさしあげると、体中震わせて反応を示しておられたそうです。

キミさんのこどもさんたちはこの唄を聴いたことがないと言っておられ、どこでキミさんがこれを覚えたのか、なぜ老年になって記憶の底から出てきたのか、その理由はわかりません。

調べてみたところ、明治から大正にかけて大阪難波にこのような病院が実在していたこと、「難波病院かぞえうた」というものが作られ盆踊りに使われていたということを知りました。それがこの唄の原型と思われます。

かぞえ唄の形になっていること。難波という地名とそこでの史実、ふたつが合致していること。文句のひとつひとつが同じなだけでなく、療養の過程が同じ流れで同じおしまいへ向かっていること。これらを考え合わせれば、キミさんの唄とハルさんの唄は偶然似ているのではなく、同じものが元になっていると考えられます。

キミさんが幼い頃、またハルさんが若かった頃、元唄がいろいろなメロディでうたわれ流行していたことがうかがわれます。前述した『出雲節』や『伊勢音頭くずし』などの例をみても、その流行に瞽女も介在していたのかもしれません。

時代や環境を超えて

瞽女唄には、心中物や地震口説きなどニュースの伝達という側面をもつ演目もあります。また、場所によっては、唄を聴く前にまず見聞きしてきたことを話してもらう場を設けた村などもあります。その時代には、瞽女のほかにも薬売りなど旅をする人たちがたくさんいましたから、形を変えながらでもニュースが伝わってゆくのは案外早かったかもしれませんね。「難波病院かぞえうた」も、こうしたなかでいろいろな地域に伝わったのではないでしょうか。

これをうたってみたいという私の希望に応じて、渡邊さんが自分の声でうたったカセットテープを届けてくださいました。以下は、同封されていたお手紙の抜粋です。

萱森さんがその人たちのひとりひとりが何を感じ、どう考え、どう生きたか？を大切に思っているところに私との一致点を見つけ嬉しくなりました。認知症の高齢者にかかわってわずか十五年程度ですがたとえ認知症といえどもどの人も頑張った、そして輝いていた日々が、物語があるわけです。私はいつもその人たちのどこにスポットを当てようか考えます。

（中略）

小林ハルさんが萱森さんに信頼を寄せ安心した意味が分かりました。萱森さんにどのようにアレンジしていただいてもいいと思います。

この歌が何年も経って生き返るような気がしてうれしいです。（一部要約）

ハルさんのものは「ひとつとせ」で始まる四拍子の唄でした。「ひとつとでたなりや」というたいだしのキミさんの方は三拍子です。迷いましたが、ほかであまり聞くことのないうたいだし文句「ひとつとでたなりや」のほうのメロディをベースに、ハルさんの文句にキミさんの文句を補完するように入れ込みました。そのうえで、一部は私が創作したものを加えるなどして三味線を付けました。うたう速度、間合いなども、できるだけ元の情感を損なわないように心がけました。そうしてできあがった『ひとつとでたなりや』を私は、二十年以上前から作り続けているプライベートレーベルCDの第十三巻「瞽女唄三昧」に収録しました。渡邊さんからお問い合わせをいただいてから七年後のことです。

それほど時間がかかってしまったのは、実は自分の体調面での不安や忙しさなどでしばらくCDづくりを中断していたからなのですが、その間、ずっとこの唄のことが気になっていました。

自分がこれに惹かれ、うたいたい、世に出したい、残したい、そう思うのはなぜなのだろうか……。そう考えて、この唄の主人公やこの唄のまわりに存在したであろう多くの人たちに対するある感情が自分のなかにあることに気が付きました。どう言い表したらよいか長いこと考えて、ぴったりくる言葉をやっとみつけました。

「共感」です。

その境遇に対する「同情」「あわれみ」とも違うし、「理解」や「応援」とも違う。その感情はそのまま、直接には知ることのなかったキミさんへも、そしてこの唄を引き出した渡邊さん、ハルさん、その他多くの瞽女さんたちへもつながります。

時代も環境も違う、見ず知らずのひとたちであっても、それでもこの世に共に生きている、そんな感覚。

ひょっとしたら自分が瞽女唄に惹かれるのも同じ感覚からなのかもしれません。私だけでなく、多くの人のなかにこの感情はあるのかもしれません。大阪難波から遠く離れた新潟に住むキミさんや、ハルさんのもとへこの唄を届けたのは、多くの人々がもつ「共感」の力だったのではないでしょうか。

二十六　共に生きるということ

決まった時期に、決まった方角から、決まったいでたちで現れるために、いわば異世界のひとたちに思えたのでしょうか。瞽女さんたちには単なる娯楽を超えた役割がありました。口寄せを行う霊媒師として知られる津軽・恐山のイタコも盲目の女性です。目が見えないのに、自分たちの知らないことを知っていて、自分たちの行ったことがない土地を日常的に旅してまわっている瞽女の姿に、何かしら特殊な能力、霊力を感じたのでしょうね。

ハルさんのお話のなかにも、そうした話がたくさん出てきました。

蚕にむけてうたう

ひとつめは「縁起担ぎ・寿ぎ」です。

『正月祝い口説き』[44]という唄があります。「正月」とついていますが、正月にのみうたうのではなく、めでたいことがあったときや、縁起を担ぐような場面でうたったそうです。なかでも面白く感じるのは、うたう相手が「人」ではない場合があるということです。

養蚕をなりわいとする土地へ行くと、荷物を下ろす暇もなく、さあさあ待っていたんだ、早く早くと手を引かれて階段を登ります。そこには「蚕棚」があって、蚕たちが音を立てて桑の葉を食べていました。瞽女の唄を聴かせると蚕が元気になっていい繭ができるといわれていたそうです。三味線の弦が絹糸でできていることからつながったのでしょうか。

養蚕は宮中行事にもありますし、土地によっては「おかいこさま」「おしらさま」とよばれるほど神聖なものとして扱われていたといいますから、瞽女のイメージと重なるのかもしれません。

瞽女唄では『瞽女万歳』の文句に「おかいこ繁盛末繁盛」というくだりがあります。高田の瞽女さんの『春駒』にもあります。これはもともと豊作や大漁を願う芸能を、瞽女がレパートリーに取り入れたものです。このなかにも、

さらばこのこに　くわくれましょと
あのこにちらり　このこにばらり
ちらりばらりと　みなくれそろえ

など、蚕飼（こが）いがうたわれています。

また『正月祝い口説き』は、稲作をする地域では「すじ」（田植え前の苗を育てている状態をそう

呼ぶのだそうです）にむかってうたってくれと言われることもよくあったそうです。

以前はこうした話をただの縁起担ぎととらえていたのですが、最近はクラシック音楽を聴かせて家畜や植物を育てるとか、観賞用の鉢植え植物に毎日話しかけるとよい、というようなことも聞くようになりましたから、科学的な根拠はなくても経験上の根拠はあったのかもしれませんね。

ほかにも、建前（家の新築）や嫁とり（結婚）があるので何かめでたい唄を、と頼まれたときなどに使える唄はいくつかあります。『どどいつ』など一口文句でうたえるものに、ふさわしい文句をはめこんでうたうこともあったそうです。

瞽女さんのまじない

ふたつめは「おまじない」です。

三味線の弦と言えば、「使って切れた三味線の糸は捨てずに取っておくんだ。お産のお守りになるといって喜ばれるすけのう。去年嫁とりがあったら今年はそろそろだかなと思うて準備していくんだ」と言っておられました。

お守りになるのは三味線の三本の弦のうち、一番細い「三の糸」だけだったそうです。絹糸であることから「蚕」。「お産」、そして「三の糸」。どれも「さん」と発音しますから、いわゆる「さんつながり」ということでしょうか。

演奏会でこの話をしたとき、自分の村では妊婦さんがその糸を細かくきざんでお茶に入れて本当に飲んでいましたよ、と教えて下さる方がありました。切れにくいナイロンやテトロンといった化学繊維の糸など使っていない時代のことです。

こんなおまじないの話もしてくださいました。

「杖の先っぽでなでると痛いところが治るといって、小僧っこ（こどもたち）がひざをすりむいたなどと言っては来たものだ」というのです。

瞽女さんたちは犬とこどもが苦手だったといいます。瞽女さんが来ると後をついて回ってからかったりするこどももいたのですね。演奏先では自分にもそういう思い出がある、今思うと悪いことをした、という方に少なからず出会います。でも、ハルさんはこのようなことを話すとき、けして恨みがましくもなく、暗く悲しかった話をする様子でもありませんでした。

「本当に杖でなでてやったんですか？」と聞くと、「あ〜、おめたちはおれたちのあとついてまわってはやしたてったガキめらでねかって言うて、くいくいっとつついてやるんだ」と笑っておられました。きっとそのこどもは家へ走って帰って、「かあちゃん、瞽女さんになでてもろうてきた」と笑顔で言ったことでしょう。するとお母さんが「それはよかった、じきになおるよ」と、そんな光景が目に浮かぶようですね。

ちなみにこの杖のおまじないは新しい杖ではなく、旅をしてすりへったものでなくてはだめなのだそうです。

　次もおまじないの話です。

「米をかえてくれという家があって、ずいぶん助かったもんだ」とハルさんは言っていました。瞽女のかついできた米は縁起が良くて、これを食べると無病息災と信じられていたそうです。これを瞽女の百人米（ひゃくにんまい）あるいは千人米（せんにんまい）というのだと本を読んで知りました。いろいろなところで多くの人から集めた米なのでそう呼ぶのだそうです。

　ハルさんによると、唄の報酬として米をもらうことが多いのですが、米は担いで旅をするには重いので米屋へもって行ってお金に換えます。でも米屋では、いろいろなところでもらったものが混ざっているため、粒が不揃いで安いのだそうです。ところがこうして家の米と取り換えてくれと言われる場合は、粒がそろうし、少し余計にして返してくれるのでとてもありがたかったと話してくださいました。

差別と不条理のなかで

「瞽女」を説明するときに「差別に耐えて強く生きた」というような表現があたりまえに使われていますが、このような思い出話をするときのハルさんの様子や話の内容からは少しだけ違う印象をうけます。

時代的・社会的背景からみても、障害のあるこどもを世間の目から隠したり、からかったりということは現在よりもひどい状況だったのは間違いないでしょう。目が見えないならば瞽女か按摩しか生きる道がなかったということ自体、あってはならない差別です。

ただ、人権に対する認識が社会に定着していなかったために、それを当たり前のように感じてしまい、多くの人には罪の意識がなかったのではないかと思うのです。「今は後悔している」と言う人が多いのはそのためでしょう。私の幼い頃はどこの家庭でも「ごはん粒を残すと目がつぶれる」などと、とんでもないことをこどものしつけに言い聞かせていました。ハルさんたち瞽女さん側も、そうしたことを「世の中の常」と認識していたように思われます。だからこそ、「今度生まれてくるときは虫でもいいから見える目をもってうまれたい」と自分の境涯を語りながらも、はやし立てるこどもたちに対して恨みをもつようなことはありませんでした。

一方、村人たちも敵対や排除、憎しみ、さげすみ、そうした負の感情を伴う忌み嫌う対象としてではなく、互いに生活者として、共に生きる仲間として接していたように感じます。いわば平らに関わり合っていた、そんな関係だったのではないかと思うのです。そうでなければ、すりむいた膝小僧を撫でてもらいに行くはずがありません。大事なお蚕様に唄を聴かせてくれと頼むはずがありません。切れた三味線の糸をお守りにするはずがありません。

私の母は戦時中の思い出として、長岡空襲があったときに、大人たちが寄り集まって真っ赤に染まる長岡方面の空を指さして、「瞽女さんたちはだいじょうぶらろっかね」と言い合っていた光景を覚えている、と話してくれました。

瞽女は女性にしかなれない職業ですが、かつては女性の社会的な地位も低く、家庭でも嫁は賃金なしの労働力のように扱われていた場合も少なくありませんでした。こうした差別・不公平は女性だけでなく、跡取りとなる長男とそうではない次男や三男の間にもありました。「生まれ」による明らかな差別がそこにあったのです。

『瞽女万歳』のなかにそうした女性の地位の低さが関係した文句があることを前に書きましたが、ほかにも、酒を入れる「とっくり」が兄弟（盃など）に比べて苦労の多いわが身を嘆く『とっくり口説き』など、人間社会を何かにことよせて皮肉ったり涙を誘ったり笑い飛ばしたりするものが、瞽女唄のレパートリーにはたくさんあります。第三話などに再々登場する『葛の葉』も、狐であるというヒロインの出自が事の発端となっており、自分の血を引くがゆえに子の将来が案じられてならないというお話でした。こうした側面をもっている演目でもある、ということですね。

皆がそのようなどうしようもない不条理のなかで生きていて、互いに共感し合っていた。そうしたなかで生きるためのよすがとしても、目が見えないながらもたくましく日々を生きる瞽女たちの姿や瞽女唄は、大事な存在だったのではないだろうかと考えたりします。

翻ってみれば、#MeToo、ネットいじめ、ヘイトスピーチ、パワハラなど、かつてはなかった単語が当たり前に飛び交う現実に囲まれて、私たちも今を生きています。どれだけ世の中が進んでも、差別や不条理はなくならないものなのでしょうか。たとえそうだとしても、私たちも負けずに生きていかなければなりません。

瞽女唄に限らず、娯楽や芸能は生きるための必需品。私がそう思う理由のひとつは、ここにあります。

情報伝達の役割

「縁起担ぎ・寿ぎ」「おまじない」に続いて三つめの役割が「情報伝達」です。

山形県東置賜郡に「土礼味庵」と名付けられた建物があります。築三百九十年の歴史をもつという古民家が解体されてしまうのを惜しんだオーナーの片倉尚さんが、私費を投じてゆずりうけ、地域の触れ合いの場として使われています。

ここはかつて「瞽女宿」だったそうです。改修には、片倉さんの奥様のご実家が取り壊される際に捨てるに忍びなかった廃材などが使われ、心地の良い空間となっています。私も毎年ここでうたわせていただくようになって十数年が経ちます。

この土地は瞽女が越後から米沢へむかう道中に位置しています。ハルさんは米沢ゆきが楽しみだったことをよく「商売になるのは新潟、いい旅さしてもらうんは米沢ゆき」と表現しておられましたが、私もここでお世話になるようになって、その言葉の意味がよくわかりました。

心のこもったおもてなしと瞽女唄本来の楽しみ方に近い形で聴いていただける場所なのです。ここでの二年めの演奏会に、この家の元の持ち主であった方が来てくださってお話をお伺いすることができました。

この地域には「百人泊め」「千人泊め」という言葉があったそうです。瞽女ばかりでなく祭文語りなどの他の芸人や薬売り、鍋釜直し（鋳掛）屋など、旅をするさまざまな人に宿を提供してもてなし、そのことを誇りにしているということ、かつてこの家に来ていた瞽女さんは、到着するといざなわれなくてもスッと「いつもの場所」に座ったということ、またこの村では唄を聴かせてもらう前にまずは長老たちが集まって、よその土地の新しいニュースを話してもらうことになっていたこと。そんなことを教えていただきました。現在のように、どこで起こったことでも画像付きで世界中にあっという間に知れ渡る世の中ではなかったのですから、はやり病や災害、作物のできなど暮らしに必要なほかの土地の情報を伝えることも、瞽女の大事な役割のひとつだったことがうかがえます。

なかでも印象深かったのは、ここでは瞽女さんのことを「瞽女どん」と呼ぶのだという話です。「どん」というのは「殿」のことで偉い人にしか使わない言葉なのだそうです。ほかに「どん」がつくのは「医者どん」「大工どん」「屋根葺き（かやぶき屋根をつくる）どん」の四つだけじゃないかな、ということでした。いずれも生活に不可欠な、しかも特殊な技能を要する仕事ですね。

さて、薬売りなど、瞽女のほかにも旅をする人たちがたくさんいたということを書きましたが、ハルさんも旅の途中でそうした人たちと一緒になることがあったそうです。すると自分たちが瞽女だとわかるのでひとつうたってくれと頼まれるのですが、「そういうときは何にもくれないいんだ。だすけ長いものはだめら。商売のもんらすけの」ということでした。そういうときにうたうのを「おまけのうた」と言うのだと教わりました。『花笠音頭』など、いくつかを「おまけの唄」として習いました。これらの唄は門付けやたち唄としても使ったそうです。瞽女がうたうのは生活の糧を得るためなのですから、「稼ぎにならないときは長い唄なんかうたうもんでない。ちょこっとしたのをうたえ」というわけです。

その話を聞いたとたんに私の頭のなかに映画の一シーンのような情景ができあがってしまいました。村はずれの小さな社で数人の旅人が雨宿りをしている、そんな情景です。

二十七　石水亭の花

「おれはあそこには足向けて寝られねんだ。おめも足向けて寝てはならね」と何度も言われた場所があります。

新潟県阿賀野市にある出湯温泉。弘法大師空海が開いたと伝えられる新潟県で最古の温泉だそうで、江戸時代から昭和の初めまで湯治場としてにぎわっていたおもかげを残しています。ここは、小林ハルさんが瞽女として商売をしながら、最後の年月をすごした土地です。

小林ハルさんという方はおそらく、長い瞽女の歴史のなかでももっとも運にめぐまれず、苦労をしいられた方だったのではないでしょうか。

戦争から高度経済成長時代へと向かう世の中が瞽女を必要としなくなる時代の移り変わりにちょうど重なるように生まれ合わせたことそのものが不運だったわけですが、それでもシズさんのようにキクイさんという優れた親方にもらわれて、キクイさんが亡くなられた後も、その思い出を胸に温めながら暮らすことのできた瞽女さんもいましたし、開局間もないＮＨＫに出演するなど、最も早くに瞽女として注目された伊平タケさん（一九七七年死去）は、結婚して旅をやめたのちも、晩年まで唄の上手なおばあちゃんと慕われ、夫の死後も息子夫婦や孫たちと円満な老後を送ったといいます。ところが、ハルさんの場合は、最初の師匠との関係がそれを暗示するかのように、また私の前でもよく「おれはこどもの運が悪いんだ」と口にされていた通りに、人とのめぐりあわせが悪く、優しくしてくれたり、かわいがっていたりした相手とは早くに死に別れました。一方で、だまされたり裏切られたり、お金や土地を取られたり、そんなことの連続でした。瞽女を廃業して、ほかの方法で暮らしを立てることができた瞽女さんもいたわけですが、ハルさんにはそうした縁がなく、廃業することさえできなかったのです。

そして人一倍の努力を重ねて生きてきたにもかかわらず、ついに生活が立ち行かなくなったときに、ハルさんはこの出湯温泉にたどりついたのでした。近在の方に華報寺につれていってもらい、その御住職のはからいで石水亭という旅館の館主であった二瓶文和さんと出会うことができたのです。

二瓶さんはそのときまだ三十代の若さでしたが、ぼろぼろの身なりをしたハルさんに会って、「まじめな、まっすぐで立派な人だ」と感じたそうです。「この人が死んでしまったら瞽女唄という唄が消えてしまう、大事にしなければならない」とも。そしてハルさんに住む場所を提供してくださったのでした。

といっても、養ってやったというのではありません。温泉の湯治客を相手に商売をしてきたらいい、と。そうしてハルさんは生活を立て直していったのでした。私が弟子入りしてからも、ハルさんはこのことをよく話してくださいました。

ハルさんの恩人・二瓶さん

二瓶さんと初めてお会いしたのは二〇〇五年一月二十四日。胎内やすらぎの家の大広間で行われたハルさんの最後のお誕生会のときのことでした。

ハルさんはこの少し前から、口からの食事ができなくなって、ベッドの上ですごすようになっておられました。それでも演奏に行った先でのことなどを耳元でお話しすると、調子のよいときにはかすかに声を発したり表情が動いたり、またこどもたちが手を握って話しかけると反応を示してくださったりしていました。百歳を超えてからそれまでにも、何度か熱を出して入院なさり、これきりになってしまうのではないかと心配したこともあったのですが、お見舞いに行くと、「看護師さんにせがまれてうたってあげている」と話してくださるなど気力を保っておられました。そのようにしてしばらくの療養の後、無事にやすらぎの家に戻ってくる、そうしたことをくりかえしていたハルさんだったのですが、この頃はもうそうした回復は望めない状況になっていました。

施設の方から「本当に最後のお誕生日になるのではないかと思うので、無理のないように、親しい人だけに集まってもらってお祝いをしましょう。萱森さん、うたってくれますか」とお電話をいただきました。ああ、本当に心のこもったお誘いだなと、気持ちが暖かくなるようでした。

この会に二瓶さんも招かれておられたのです。

車いすでも長くは辛いかもしれないので、二分以内の短い唄を、ということで選んだのは『瞽女松坂』でした。同じこの部屋で、はじめてハルさんの唄声に出会ったときの、あの唄です。三味線はハルさんのものをお借りしました。お稽古でも使っておられたその三味線は、時々お渡しする乾燥剤を入れてくださるなど、施設の方にちゃんと管理されていつでも弾ける状態に保たれていました。

耳元で「ハルさんの三味線の音ですよ。あのときの、『瞽女松坂』です。聴いてくださいね」と声をかけて、思いを込めてうたいました。

同じように耳元で「ハルさん、なんぎいねえかね（辛くないかね）。二瓶だよ、わかるかね」と語りかけていた二瓶さんのご様子からは、本当に心からハルさんをいたわり、案じている気持ちが伝わってきました。

いつもハルさんに聞かされていたため、私は「二瓶さん」という方のその名前にはなじんでいましたが、それまで実際にお会いしたことはありませんでした。ハルさんの恩人ということで何か近寄りがたい感覚をもっていました。

その二瓶さんが、会が終わるやいなや私のほうへ走り寄ってこられました。転がるようにという言葉が大げさではないような、そんな勢いでした。かなりのご高齢とお見受けしたので、「危ない！」と声が出そうになったくらいの勢いだったのです。

二瓶さんは私の手を取り、興奮した口調で「あなたのことを私は知らなかった。なんていう名前なんだね。いったいいつからハルさんに習っているんだね。どのくらい習ってるんだね。どこの人なんかね」と矢継ぎ早に問いかけてくださったのでした。

『佐渡おけさ』は絶品

これからのち二瓶さんには、昔のハルさんのお話をお聞きしたり、写真を見せていただいたり、かつてハルさんが湯治客相手に商売をした華報寺周辺を案内していただいたり、ことあるごとにお世話になりました。ハルさんはこれからほどなく亡くなられ、そのあとも一緒にお墓参りに行くなどしていましたが、なかでも印象に残っているのは、二瓶さんの経営する旅館「石水亭」に招いてくださった春の日のことです。門を入ってすぐの前庭に色とりどりの花がたくさん咲いていました。

「ハルさんにはこの花は見えなかったんだねえ」という二瓶さんの言葉を聞いて、ふと思い出しました。ハルさんがこの花の思い出を語ってくださったことがあったのです。

「二瓶さんとこは花がいっぱいでの、おれは出湯に行くまで花なんてもんは咲いてるのもわからんかった。出湯に行って二瓶さんに世話になって、はじめて、ああ、花が咲いてるなと気が付いたんだ」と。

それまで私はこれを「出湯にたどり着くまでは、季節の移り変わりを感じる余裕もないほど困窮していた。二瓶さんのおかげで人間らしい感覚を取り戻すことができた」と、そういう話だと理解していたのですが、それだけではなかったのだということに、このとき初めて気が付いたのです。同時に、シズさんが「高田の桜はきれいなんだよ」とおっしゃっていたことも思い出しました。すると、柔らかな日差しのなかで小さな花たちに耳を寄せ鼻を寄せ、春を感じようとしているハルさんの姿がそこに見えるように感じました。

二瓶さんとお話しするたびに出てきた言葉があります。

「ハルさんの『佐渡おけさ』は絶品だった」と。

ハルさんは福祉施設にすまいを移されてのちにも、この石水亭の広間でうたったことがあります。後年ハルさんを描いた画家の木下晋さんや白洲正子さんも、ここでハルさんの唄に出会いました。このときにハルさんがうたった『佐渡おけさ』がなんとも言い表しようのないすばらしい唄だったそうなのです。このときの写真は二瓶さんのもとにありましたが、録音したテープは残念ながらどこへいったかわからないということでした。

このお話を聞いてから私は『佐渡おけさ』をうたうのがこわくなってしまいました。私の『佐渡おけさ』は「絶品」であるわけがないからです。あるときその気持ちをお話ししたところ、二瓶さんは「あんたはハルさんじゃないんだから、そんなことを考えないでいっぱいうたいなさいよ」と。

「あなたの唄は本当にハルさんに似ているんだよ。よくもここまで……もう二度と聴くことはできないと思ってあきらめていたんだ」

私の声はまだまだハルさんには程遠い……それを承知の上でかけてくださった言葉は、ほかの誰に言われるよりも嬉しく思いました。「あなたの唄を聴いたときは、本当にふるえるほどなつかしかったよ」と。

この方に「あなたの唄はできるだけたくさん録音に残しておきなさい」と言われたことが、それまでためらっていたことに取り組むきっかけのひとつになりました。

二十八　新しい旅のはじまり

私に芸を教え、同時に生きるということを教えてくださった師匠・小林ハルさんがお亡くなりになったのは二〇〇五年四月二十五日未明のことでした。

朝早くに電話でお知らせをいただいたのですが、今、それから数日の間自分がどのように過ごしていたのかを思い出そうとすると、何かふわふわとした、現実味がないような感覚があります。その一方で、断片的ないくつかの記憶は妙にくっきりとしているのが不思議です。

晩年になってその人生がクローズアップされ有名になられたハルさんの周りには、社会的な地位のある立派な方々がたくさんおられました。先に二瓶さんがこの直前まで私の名前も存在もご存じなかったことを書きましたが、ごく個人的なきっかけから自分の気持ちだけを頼りにひたすら稽古に通っていただけの自分は、葬祭場の片隅からひそかに見送らせていただくつもりでいました。施設職員の方から「萱森さん、どうぞきてください。遠慮はいりません。ハルさんが会いたがっているはずですから」と再度のお電話をいただいて、施設でお別れをさせていただけたのは本当にありがたいことでした。

お別れのとき

告別式会場で涙の止まらない私に「そろそろ泣き止みなさい」と優しい口調で声をかけてくださったのは隣に座った姉弟子の竹下玲子さんでした。その竹下さんも弔辞を読むときは涙ながらでした。「泣かないでいようと思ってたんです。だって竹下さんが泣くんだもの」と、ひそひそ声の短い会話でしたが、たくさんの参列者のなかで、おそらくただふたりだけにしかわからない感情を共有できる相手がいて、少しだけ甘えても受け止めてもらえる、そんな安心感のようなものを感じたことを覚えています。

実は竹下さんのことは報道などで知っていましたが、会うのはこのときが初めてでした。それにもかかわらず、会った瞬間にとても慕わしいような気がしました。ハルさんが稽古のなかで頻繁に竹下さんの名前を口にしておられたからです。竹下さんが新潟を離れたときは、「かわいそうでならね。おめ、何か詳しいこと知らねか」と、とても心配しておられましたし、「兄弟と同じらもの。仲良くしてほしいと思うてるんだが、(それを)喜ばねしょがめぐりにあるみてぇで困ったもんだ」と言っておられたこともあります。「あれはおじ(男の子)みてなもんらすけ」というその口ぶりから、私とは違う、もっと肉親に近いような感覚だったのではないかと少々うらやましくも感じていました。弔辞でも竹下さんはハルさんに「おばあちゃん」

と語りかけておられました。

弟子にしていただいたときすでにハルさんは九十四歳。いつかは必ず別れのときが来ることは覚悟していました。ハルさんの唄声に我を忘れるほどの強い感動を覚えたあの日の印象そのままに、その芸をありのままに受け取って、瞽女ではない自分がうたっても「これが瞽女唄です」と確信をもって言えるような納得のゆく芸を作り上げたい……その一心ですごしてきたわけですが、今いざ別れのときに臨んで、自分のなかにそれまでとは違う気持ちが大きくなっているのに気が付いていました。

「ハルさんが教えてくださったことを無駄にしてはならない。自分のところで終わりにしてはならない」と。その気持ちは、その日がもう遠くないところに迫っていると意識せざるを得なくなった頃から、徐々に徐々にふくらみはっきりとしたものになっていました。

受け取るだけではだめなのだ、次へつなげなければならないのだと気が付いたのです。

弟子入りするとき、周りに進められて仕方なくしぶしぶ、ということであったなら諦めようと思っていました。この方が「自分が墓のなかまでもってゆくんだ」と決めていらっしゃるのであればそうするべきものだと。

でもハルさんがそれを選ばなかった以上、私が自分の墓にもってゆくことは絶対にしてはならない。それが、九十歳を超えた身で、瞽女唄のことをほとんど何も知らない者を相手に注いでくださった気力と労力への、礼儀であり責任だと思うのです。

その思いを、私は弔辞という形でハルさんに伝えました。

「おれがもうちっと若かったらおめと一緒に旅したかったもんだ、とよく言ってくださいましたね。この世ではできませんでしたけれども、これから、ハルさんが伝えてくださった唄と一緒に旅をさせてください」と。

石水亭での追悼演奏会

ハルさんが亡くなられて一年後の二〇〇六年四月二十三日、私は出湯温泉の石水亭でささやかな追悼演奏会をおこないました。

石水亭は前年二〇〇五年、ハルさんが亡くなられたその年の十二月をもって旅館を廃業なさっておられました。ハルさんが生きているうちは帰ってくる場所があるんだよと伝える意味でも残しておこうと決めていたのだと二瓶さんからお聞きしました。その石水亭を、この日だけこの追悼公演のために特別に開けてくださったのでした。玄関口や床の間に二瓶さんご夫妻の心づくしのしつらえがほどこされ、お客様を迎えました。

追悼公演の演目は次のとおりです。

瞽女松坂
石堂丸　一の段
鴨緑江節
石堂丸　二の段
石堂丸　三の段
夢和讃

この本を最初からここまで読んでくださった方には、いずれもハルさんとの濃い思い出に包まれた演目だということがおわかりいただけることでしょう。
中心演目に選んだ『祭文松坂　石堂丸』は、普段の公演ではあまりやらないことですが、
一の段を「長岡瞽女屋の節回し」
二の段を「新津組の節回し」
三の段を「地蔵堂の節回し」
と、ハルさんが伝えてくださった三種類の節回しでうたいわけました。

さあ。悲しんでばかりはいられません。新しい旅のスタートです。

二十九　新たな出会い

小林ハルに学んだ芸の魅力をありのままにこれからへ伝えたい。そのために有効な手段として意識していながら、長い間ためらっていたことがふたつあります。新作創作と録音です。

新作についての懸念のひとつは、瞽女唄は現段階ではまだ芸としてのステータスを得ていないということ。言い換えれば、瞽女唄というものがどういう芸なのかが、まだ世間に広く認知されていないということでした。

たとえば落語や浪曲ならば、それがどういうものなのかは多くの人に共通の認識があります。昔から人気のある、いわゆる古典の魅力も知られています。だからこそ、新作に対しても、形の上でその芸のワクを越えているかどうかの判断ができるし、越えていないことがわかればなるほど新しい感覚ではあるけれどこういうものも面白いじゃないかと、次第に受け入れられてゆくわけですね。台本を見ながらしゃべる落語家がいないのも、落語の形としてそれがあたりまえであると皆が知っているからです。

ところが、瞽女唄の場合にはその共通理解がないのです。雑多なものを含んだ娯楽芸であることさえ知られておらず、「知っていますよ　越後の恨み節ですよね」と言われたこともあります。瞽女唄の根元を支える独特の響きや、三味線を弾きながらうたう一人芸であること、譜面や台本を見ながら演奏することはないといった、瞽女唄としては常識的と思われることがらも理解されていません。これが瞽女唄です、と提示されたものが本当は瞽女唄としてはイレギュラーなものであっても、疑いなくそれが瞽女唄なんだと受け取られてしまう、そういうことが起こりやすい状況だと言えます。リンゴを知っているから青いリンゴも黄色いリンゴもリンゴだとわかるけれど、リンゴそのものをまったく知らないのであれば、これがリンゴですよと梨をみせられてもわからない、それと同じことですね。

一愛好家であればまだしも「小林ハルの直弟子」という立場であれば、新作創作に手を出すよりも先に、まずは瞽女唄というのはこういう芸なんですということをできる限りアピールして、その響きや特徴に対する共通認識を育ててゆくことを優先させなければならないと考えていたのです。

ハルさんがお亡くなりになられた後、私は多くの方々と出会い、共に作品やイベントを作るなど、さまざまな仕事をするなかで、新しい何かを盛り込んで現在を楽しみながら、本来の瞽女唄をより深くアピールする、そんな方法がたくさんあるのだと学んでゆくことになります。

ラジオドラマ「女歌夢の道行」

最初のきっかけは二〇〇九年一月にＮＨＫで放送された、一時間二十分のラジオドラマ「女歌夢の道行」でした。歌手の石川さゆりさんが瞽女を演じ、このドラマのために脚本家の大久保昌一良さんと作った『祭文松坂　八百比丘尼』や、ハルさんならばどのようにうたうだろうかと考えて作った『瞽女唄　かごめかごめ』をうたってくださいました。

以前から瞽女の芸に深い関心をもっておられたさゆりさんとのご縁は、東京での公演を聴きに来てくださったことから始まりました。

ちょうど同じ頃、大久保さんもあるテレビ番組のなかで流れた私の瞽女唄を聴いてくださいました。大久保さんはかつて杉本キクイさん、伊平タケさんの唄を間近に聴いたことがあり、この方たちが亡くなって以後いろいろ聴いてみたけれど、もう本物の瞽女唄を聴くことはできないのだと思っておられたそうです。「あなたの声はまさに瞽女唄をうたっていました。それで、お会いしたくなってネットで検索したのです」とお電話を下さったのです。

偶然にも、大久保さんとさゆりさんが一緒にドラマを作ろうということになり、私に声をかけてくださったということでした。ご縁というのは本当に不思議なものです。

私は常に瞽女唄をこう思って、歌っています。唄は私のものじゃない。唄は聞いてくれる人達の物だって……。

――NHK FM放送台本No.013　特集オーディオドラマ「女歌夢の道行」
二〇〇九年一月三日午後九〜十時二十分放送

さゆりさん演じる瞽女のセリフです。台本でこの言葉をみつけたときの喜びをよく覚えています。ハルさんの教えにぴったり重なっていたからです。「女歌夢の道行」は、瞽女の世界をよく知る大久保さんならではのストーリーのなかで、石川さゆりさんの魅力によって、瞽女唄がしっとりと、そしてのびやかに表現され、幻想的で美しい余韻の残るドラマになりました。

さゆりさんとのご縁はその後も続き、舞台「夢売り瞽女」につながりました。唄や三味線にかかわる役者さんの数もシーンも多く、それぞれにふさわしい演目を選んだり作り変えたり、創作も加えながら瞽女の世界をよりリアルに表現できるように作ってゆく。その過程で、外側の形を整えるのではなく、内側の本質的な部分を追いかけるようなハルさんのお稽古のあり方が、非常に役立っていることを実感しました。

さまざまな場面、さまざまな演じ手。その作品に必要なさまざまな要求に臨機応変に対応しながらも、どれだけ変えてもこれぞ瞽女唄、と納得できるものにしなければならないのです。きれいな完成形をコピーするようなお稽古しかしていなかったら太刀打ちできなかったでしょう。

その後、テレビドラマシリーズや劇団によるお芝居などにかかわるたびに、その思いは強くなります。前にハルさんとのお稽古を「底なし沼のようだった」と書きました。あのハルさんの、どこまでもつきあってくださる我慢強さがなければ、私はこうした能力を身につけることはできなかったでしょう。ハルさんはやはり瞽女唄をこれからへ伝えるべく、最後の瞽女という大きな仕事を任された人だったのです。

石川さゆりさんの仕事を間近に見せていただいて感じたことがあります。さゆりさんがハルさんにとてもよく似ていらっしゃるということです。

さゆりさんの瞽女唄に対する取り組み方は、ちょっとかじってそれらしい形ができればいい、というものではありませんでした。いくつもの仕事をこなしながらのお忙しい身なのに、まぁこれくらいでいいか、と妥協することがありません。

もう初日が近いという段階で、さゆりさんから「このセリフの部分を唄で表現したいんだけど」との希望がありました。これから新しいのを作って覚えるのは大変でしょうし、今までお稽古したのを使いまわしましょうか、と提案したときのさゆりさんの返事は、「萱森さん、私の大変さを考えてくれなくてもいいのよ。どうやったらお客さまが楽しいかを考えてほしいの」でした。ひとつのお芝居を作るなかで、そのようなことが何度もあったのです。本番の、歌のオンステージを終えての衣装替えをしながらもなお、「気になるところがあるからお稽古お願い」と楽屋で三味線を手にされるさゆりさんは、穏やかな笑顔でいながら一歩も引かないというような、仕事人としての誇りを漂わせておられました。まさに在りし日のハルさんに接しているかのようでした。

同じ匂いをもつ人たち

これから後も、私はこのような、いわば「ハルさんと同じ匂いをもつ」方々にたくさん出会いました。ハルさんを一言で表すならば「超一流の芸人」と前に書きましたが、有名・無名に関係なく、瞽女唄以外の芸の世界にも一流の人はいます。芸能以外の分野にも、あるいはそれが職業でなくボランティア的なものであったとしても、すごい人というのはいるものなんだな、とそのたびに感じます。そうした方たちを知ることができたのも瞽女唄のおかげです。

瞽女唄という芸について語り合ったり意見を戦わせあったりできるような、同じ熱度をもつ仲間がいなかった私にとっては、こうした人たちとの出会い、語り合いはとても刺激的な経験でした。そんな中から、自然にいくつかの新作・創作が生まれました。

『お春幻想・雪降る里』は新潟・出雲崎出身の宮嶋治生さんの作詩によるものです。宮嶋さんは少年時代のふるさとでの思い出を大切に、祭文松坂の文句としてうたえるように、この唄を作ってくださいました。

『峠・八十里越え』[45]は、会津と越後を結ぶ難所として知られる峠をテーマにした「八十里越えフォーラム」のために作ったものです。新しい形で、なおかつ、瞽女唄の良さを活かしたものにしたいと考え、八項目の瞽女唄の特徴を盛り込んで作りました。たとえば一定のリズムと旋律の繰り返しで構成し、淡々と進む感じにすること、同じ文句の使いまわし、三味線の調弦や使い方、字あまりが使いやすいように余裕をもたせた形、などです。「初めて聴く唄なのに何か懐かしいような感じがある」「次第に繰り返しにはまって心地よくなって、長さを感じない」との感想が寄せられ、どうやら狙いはうまくいったようです。

演目の復活

また、「幻の演目」の復活も私の取り組みのひとつです。音源や文句の記録がなくどんなものかはわからないけれど、確かに瞽女さんがうたっていたと記憶されている演目があります。そのうち、高田瞽女の杉本キクイさん、シズさん、難波コトミさんの日常を追った短編ドキュメンタリー映画『瞽女さんの唄が聞こえる』を作られた、伊東喜雄監督とご一緒したことから生まれたのが『カニとナマコのけんか口説き』[46]です。

手掛かりは、伊東監督が覚えておられた、キクイさんとの会話のなかのわずかな事実のみでした。『伊勢音頭くずし』の節でうたう、というのです。第十九話に書いた『地蔵和讃』と同じ形ということになります。半分はさまざまな資料にあたって調べ、半分は「キクイさんがうたったとなれば、おそらくはこういうものだったに違いない」という直感で、その手掛かりに肉付けをするようにして作ったのです。

このようにして瞽女でもない自分が手を加えたものを「瞽女唄」としてうたってもよいのだ

ろうか、とためらう気持ちがあったのですが、「元通りに復元する必要はさらさらない、萱森くずしで蘇らせてください。さもなければこういう罵りあいの唄は、永遠に抹殺されてしまいそうですから」とのメールを伊東監督からいただき、勇気を得たことは言うまでもありません。お客様にも大変評判がよく、客席から笑い声が起き、その後も「あれが聴きたい」とご要望を受けることもある演目となりました。

そしてもうひとつ、私がずっとためらっていた録音についてです。

高齢で聴きに来ることのできない家族のために作ってほしい、といったご要望にたびたび接していながら、響きや即興性が伝わらないことが気になって決断できずにいました。何かきっかけがなければ踏みだせなかった、というよりはむしろ、きっかけを待っていた、と言ってもいいかもしれません。

直接のきっかけは自分が病気（乳がん）になったことでした。幸い回復して現在に至っていますが、副作用などで順調とは言えない時期もありました。その間いろいろな可能性を考え、こだわっている場合ではない、迷っている暇はない、と思ったのです。第二十七話で書いた二瓶さんの言葉が、決断を後押ししてくれました。

二か月ほどの入院生活を終えてすぐに作成に取り組み始めたCDは、十年の間に十二巻となりました。二〇二〇年に販売を開始した二枚組の第十三巻「瞽女唄三昧」には、萱森直子の唄に加えて「越後ごぜ唄グループ『さずきもん』」メンバーたちの唄を収録しました。

そうしようと決めたのもまた、別の病気が判明して治療を開始したことがきっかけでした。

三十　ハルさんをモデルにした映画

第二十五話に、ハルさんとお母さんとのお話を書きました。この母と子の関係に焦点を当て、ハルさんの芸が形作られてゆく過程を描いた映画が二〇二〇年夏、公開されました。

映画『瞽女 GOZE』。ハルさんの人生に感銘を受けた瀧澤正治監督が、構想から十七年の歳月をかけて実現した作品です。

当初から、ハルさんの生き方に勇気をもらえるような映画にしたいというご意向をお聞きしていました。監督の前作も見せていただき、温かい映画になることは確信していたものの、やはり完成したものを見るまでは期待と不安とが入り混じった心境でした。

画面のなかのハルさん

そうして迎えた試写会。大きなスクリーンのなかには、本当に私が覚えている通りのハルさんが生き生きと動いていました。私は九十歳を超えてからの弟子入りでしたので、若い頃や幼い頃のハルさんを知らないわけですが、川北のんさん、吉本実憂さんが演じるハルさんは、まさしく私の記憶のなかにいる「あのハルさん」だったのです。映画はおもに成人期までを描いて終わるのですが、最後に一シーンのみ登場する晩年のハルさん役、渡辺美佐子さんも本当によく似ています。姿かたちがというのではなく、何かあっけらかんとした明るさを伴う強さ、とでもいうのでしょうか。そうした雰囲気がそっくりと言ってもいいくらいでした。

私も瞽女唄指導として関わらせていただいたのですが、それまで経験していた同種の仕事に比べて、格段の難しさがあると感じていました。うたうシーン、曲数の多さももちろんですが、唄や三味線にハルさんほか、瞽女さんたちの生き方を体現するような力強さがなければ、映画そのものが説得力のない嘘っぽいものになってしまうでしょう。さらに難しいのは、ただ瞽女唄であればいいのではなく、役者さんひとりひとりに違うものが求められるということです。

幼少期を演じる川北のんさんには、一生懸命に声を張り上げてうたうけなげさを、成人期を演じる吉本実憂さんには、人に気を使いながらもお客様の前でうたうことに喜びを感じてのびやかにうたう様子を、やさしいサワ師匠役の小林綾子さんにはもっと練れたうたいまわし方で、仕事を楽しんでいる様子を、いじわるなフジ親方役の冨樫真さんにはこれで稼いでいるんだという自信をみなぎらせた押しの強い唄声を、それぞれに表現してもらわねばなりません。

うたうだけでも大変なのに、三味線を弾きながら、しかも目が見えない役ですから楽器を弾くときも扱うときも、すべてを目で見ることなしにおこなうのが前提です。ある程度弾ける、うたえる人であっても、相当な難易度だということがお分かりいただけるのではないでしょうか。

もちろん、選曲の段階でもそのようなことを意識しました。同じ演目でも役者さんによって節回しやうたい方を変えるなどの工夫も加えました。また三味線のつけ方・弾き方などにも、その役らしさをイメージできるようにと、言葉を選んで伝えるようにこころがけました。でも私ができるのはそこまで。あとは役者さんにそれぞれの方向へ、お稽古を頑張ってもらうのみです。

結果、役者さんたちの出来は、瀧澤監督に「カットするのがもったいない」と言わせるくらい見事なものでした。当初は、三味線の音はあとから録音したものを使うことも考えていたのですが、その必要もありませんでした。すべてが吹き替えなし。ご本人が演じながらの唄と演奏です。

成人期を演じた吉本さんが第三十回日本映画批評家大賞新人女優賞を受賞された折のメッセージ動画を見て、ハルさんに深く心を寄せて取り組んでくださったことをあらためて感じました。撮影の様子からも、ほかの役者さんたちもみな同じ気迫を漂わせていました。本当にありがたいことでした。

瀧澤監督はじめ役者さん方、スタッフの方々、上映の力となってくださった方々、みてくださった方々、すべてに感謝申し上げます。

なお、これまでこの本で書いてきたこともいくつか映画に登場していますので、ご紹介しておきます。

第十六話に書いた小須戸の萱森家は、ロケ地として使っていただきました。国広富之さんが主を演じる、旅先の親切な家として登場しています。

成人期の旅先で、寺田農さんが主を演じる瞽女宿シーンは、第二十六話に書いた山形県東置賜の土礼味庵で撮影されたものです。ここでサワ師匠（小林綾子さん）が座ったその同じ場所で、かつて本当の瞽女さんが座ってうたっていたということです。

さずきもんメンバーもエキストラとして参加しています。冒頭の瞽女宿シーンで流れる唄は、私と共に瞽女唄指導も担ってくれた、さずきもんメンバー・小関敦子さんが現場でうたったものです。

「さずきもん」という言葉も、重要な場面で大きな意味をもつセリフとして使われています。

ゴゼンボソング

ドラマやお芝居に関わるたびに学んできた創作瞽女唄が、この映画にも使われています。

監督から「瞽女さんたちが自分たちのために常々うたう、瞽女のテーマソングのようなものを」との依頼を受け、いただいた文句をもとに作った劇中歌『ゴゼンボソング』です。「歩きながらうたう」ことを念頭に作ったため、ノリがよくて覚えやすいらしく、撮影中にスタッフの方々も気に入って口ずさんでくださっていたそうです。

思いがけない感染症流行のため、公開が何度も延期になっていた期間、やれることをやろうという瀧澤監督の提案でコロナ禍応援動画が発信されました。それに向けて『ゴゼンボソング』を作り変え、『コロナ禍応援歌・新潟弁バージョン』[47]ができました。思いっきり新潟弁にしちゃっていいですよとのことでしたので、家族とも話し合いながら作りました。新潟弁ならではのおもしろさを再認識することができ、話が弾みました。この唄はその後、公演でもリクエストがあったり、さずきもんメンバーたちによって「秩父弁バージョン」や「山形置賜弁バージョン」がつくられたりしています。

『ゴゼンボソング』も『コロナ禍応援歌』も、監督に渡した後、もう少しこういう風にといった直しが入るものと思っていたのですが、いずれもそのまま使ってくださっています。役者さんたちの稽古や選曲についても、異論が入ることは一切ありませんでした。

この映画での仕事すべてを通して幸運だったと思うのは、「生きる喜びを表したい」という瀧澤監督の求めるものと、私が求め続けてきたものとがぴったりと一致していたということです。ここが一致していなければ、そもそも私はこの映画作りに協力することもなかったのではないかと思っています。

これまでは自分が伝えなければ、ハルさんの芸と人となりが誰にも知られぬまま過去になってしまう、それだけは避けなければならない、と果たすべき責任の大きさに立ち向かうかのような気持がありました。ですが、この映画ができたおかげで少しばかり気が楽になったように思います。

ハルさんがこの映画を見たらなんとおっしゃるかしら、と考えて、真っ先に思い浮かんだのは、少しはにかんだような少女のようなハルさんの表情です。

「しょうしいて（気恥ずかしくて）困るぁんだて」と、そんな声が聞こえてきそうです。

三十一　てめえのさずきもん

話の折々から、この著者はひょっとしたらあまり丈夫ではないのかもしれない、と感じている方もおられるかもしれません。実はその通りで、病弱というほどではないけれど小学校低学年の頃には入院も経験しましたし、欠席・早退は人より多かったように思います。ハルさんに弟子入りしてからも、四十歳で死産、五十歳で乳がん、そして六十歳で判明したのがパーキンソン病です。いずれもはじめは驚き困惑しましたけれど、ちょうど十年おきというタイミングに、ここで一区切りつけなさいと運命に教えられているような気もします。

ハルさんの孫弟子たち

やりたいことも、やらなければならないこともたくさんあるのに、自分の能力・体力がついていかない。そうした状況をもどかしく感じることも多かったのですが、最近は少しばかり気が楽になったように思います。

その理由のひとつが映画『瞽女ＧＯＺＥ』、これについては前話で書きました。

そしてもうひとつが「越後ごぜ唄グループ『さずきもん』」です。

敷居は低く、間口は広く、そして奥深く。

かつてのような社会的な縛りはもはやナンセンス。視覚障害がない者でも、だれでも気軽に触れることができる。とにかく知ってもらうために、これはとても重要です。さまざまな手段であらゆる機会をとらえて発信する。アピールする。そして瞽女唄はけして高尚なむずかしい芸術ではなく庶民の娯楽であることを理解してもらう。

やってみたいという人がいればどんどん受け入れる。お稽古には録音でも印刷物でもパソコンでも、使えるものはためらいなく使ってなじんでもらう。ただし手は抜かずに。そんなお稽古を通して次第に、入り口に立ったときには考えもしなかったような奥の世界へ。目指すは間違いのない複製品ではなく、あのハルさんの力強さ。シズさんの情感。

そのような考え方でやっていくうちに、教えてほしいという人が自然に現れ、ひとりまたひとりと増えていきました。仕事、転職、病気、介護、結婚、出産、子育て……。さまざまなことがあるなかでも、たとえ数年のブランクがあったとしても、またお稽古にもどってきてくれる人もありますし、年に数回という形で遠い県外から泊まりがけできてくれる人もいます。

ふだんのお稽古は個別のマンツーマンですが、メンバーはスマホなどを使ってつながっています。誘い合って瞽女に関連する場所を訪れたり、一緒に出演した後にはお茶をしたりと交流も盛んです。

こうした弟子たちの集まりを「越後ごぜ唄グループ『さずきもん』」と名付けたことで、「『さずきもん』ってどういう意味なんですか？」という質問を受けることも多くなりました。ハルさんのひととなりや生き方を知っていただくきっかけのひとつにもなっています。

さずきもんメンバーたちのおかげで、かつての瞽女さんたちのように複数人での演奏会ができるようになり、にぎやかでなごやかな時間をお客様とともに楽しむことができるようになりました。

かねてから伝承者・継承者・伝統芸能・保存といった言葉に違和感をもちながらも、その理由をわかっていただくのは難しいなと感じていました。でも、こうした大勢での演奏会や、プライベートレーベルＣＤ「瞽女唄三昧」で彼女たちの唄を聴いていただければ、言葉で説明しなくてもわかっていただける、そう確信しています。

私とは一味違うそれぞれの唄、取り組みが、瞽女唄ファンを増やしています。単独の公演をやったり新作に取り組んだり、ネット配信したりしている人もいます。練習していたところ、見ず知らずの人に「それは瞽女唄ですね」と声をかけられたというメンバーもいます。昔の瞽女さんを記憶している人から、「どうも今の瞽女唄というのは自分には瞽女唄に聴こえない」と言われ、おそるおそる聴いてもらったところ、「自分の覚えているのはこれだった」と言ってもらえた、という経験をもつ人もいます。

萱森直子というひとりのうたい手から習ったのに、全員それぞれ異なる自分のうたいまわし方をもっています。それぞれの地の声やなまりもそのままに、言葉のはめ方や字あまりの扱い方なども統一しているわけではありません。それなのに、どれもが一声聴けば、そして三味線の一音だけでも、すぐに「瞽女唄だ」と認識できます。

私は小林ハルさんと杉本シズさんというふたりの瞽女さんの唄を知っていますが、全然違う芸風なのに双方に共通した響きがありました。録音に残されているほかの瞽女さんの唄にも同じものを感じます。

こうしたハルさん、シズさん他かつての瞽女さんたちの世界と同じ魅力を目指して、私もさずきもんメンバーたちと共にうたい続けるつもりです。

みなそれぞれ違う

乳がんが判明したときには、ハルさんが亡くなられてから三年もたっておらず、「しまった！　まだ何も伝えられていないのに」という思いを強くもちました。でも現在は、進行する難病の治療中の身ではあっても、あの頃のような焦りはありません。今なら、たとえ私がいなくなったとしても大丈夫。そう信じられるからです。

瞽女唄とはどういうものなのかは、今まで作ってきたCDとその解説で知っていただけます。映画『瞽女 GOZE』でハルさんの生き方に触れることができます。

なにより、さずきもんメンバーたちの成長とその活動の充実ぶりは本当にありがたく感じます。私ひとりでは表現しきれない、瞽女唄の変化に富んだ面白さやこれからの可能性を、彼女たちを知っていただくことで伝えることができます。

「さずきもん」は個性的な人たちの集まりです。それぞれ始めた時期もきっかけも、興味のある方向もバラバラ、得意な分野もバラバラです。年齢や住んでいる地域も、仕事や家庭の状況もひとりひとり違います。

地元の民謡を深めている人もいれば、ほかの芸能との関連に興味がある人もいます。瞽女唄に出会う前に、長唄や津軽三味線など、ほかの芸能に親しんでいて、かなりの腕前をもっていた人もいます。演劇やラジオ等で他人に向けて表現する経験をしてきた人もいます。美術関係の仕事をしていた人もいます。

ハルさんからうけついだ多くの演目のうちどれを習得するかもそれぞれが選んでいますから、習得したレパートリーも、ほかのメンバーと重ならないものも多いのです。じっくりとうたい上げるような演目を多く習得している人もいるし、反対にリズミカルで軽い、おしゃれな文句のものが多い人もいます。演奏会のプログラムは自然に彩り豊かなものになります。

それぞれが自分の興味に従って思い思いに学び、また人と会ったり資料を探したり、唄を聴いてもらったり、異なる分野の人と交流したり……そうした活動を重ね、そのなかで得た知識や経験を共有することで、「越後ごぜ唄グループ『さずきもん』」は今や、萱森ひとりがこの先何年かけても、どれほどに頑張っても、絶対に得ることのできない多様性、可能性をもつ集団に育ちました。

めぐりあわせ

時折、ハルさんと似ていますねと言われることがあります。うたい方や唄に向かう姿勢がそう感じさせてくれるのだろうな、とハルさんとの日々をありがたく思いだします。でも人とのめぐりあわせの運だけは、嬉しいことに師匠譲りではありません。

第二十九話に書いた「ハルさんと同じ匂いをもつ人たち」やこの本のなかでお名前を書かせていただいた方々、「さずきもん」メンバーたちそれぞれを思い浮かべるとき、また演奏の場をくださった方々、聴きに来てくださった方々、知らないことを教えてくださった方々など、これまでのことを思い起こすとき、思うのです。そもそもハルさんに出会えたことも含め、「人とのめぐりあわせの運の良さ」こそが、私の一番の「さずきもん」だなと。

小林ハルという芸人の弟子になっていなければ、私は自分の「さずきもん」に気が付かないままだったかもしれません。

この本の書き出しは「人生の岐路」でした。でもこの言葉は本当のところ、自分にはなんだかおおげさで、よそよそしく響きます。ここまで読んでくださった方にだけ、よくわかる言葉で言い替えておきましょう。

「自分の『さずきもん』を見出すきっかけ」と。

あなたの「さずきもん」はなんですか？

もう見つかっていますか？

まだ、という方も急ぐ必要はありません。自分にはわからなくても、そばにいる人が見つけてくれるかもしれません。今は気がついていないだけで、後から振り返ったときにわかるものなのかもしれません。

「てめえのさずきもん」は誰もが必ずもっているのですから。

おわりに

書籍化のご要望の多かったプライベートレーベルCDの解説をもとに、大幅な加筆・修正を加えて再編したのが本書です。

「瞽女唄ってなあに？」

「瞽女ってどんな人たち？」

この本のなかに、その問いに対する手がかりをみつけていただくことができたでしょうか？

師匠・小林ハルさんとの日々を、できる限り誤解のないように、また誇張のないように伝えようと努めました。逐一を思い返しつつ書き進めるなかで、自然に口元が緩み笑っている自分に気が付くことがありました。涙が止まらなくなってしまうこともありました。

「お客人は喜んでくれなさったたか」……ハルさんの言葉通りに、読んでよかったなと思っていただけますように、と願っています。

第二十七話に書いた二瓶文和さん、第二十九話に登場する大久保昌一良さんはすでに故人となられました。向こうでハルさんやシズさん、キクイさんたちと、ときにはうたったり話し込んだりしておられるかもしれません。「萱森さんはまだ来ないねぇ、会いたいねぇ」とそんな会話をしてくれていたら嬉しいのだけれど、と妄想しつつも、もしもこちらからの声が届くのなら、「いえいえ、それは早いですよ、もう少し待っていてくださいね」とお伝えしておかねばなりません。私にはこちらでやりたいこと、できることがまだまだたくさんありますから。

苦労の多かった人生の最後の最後に、この子と出会えてよかったなあとハルさんに感じていただきたい。そんな思いで夢中でここまでやってきました。本当に自分がハルさんにとってそのような存在となり得たかどうか、その答えはまだずっと先にあります。

映画『瞽女 GOZE』をまだご覧になっていない方はどうぞ見ていただきたく思います。また、すでにご覧になられた方も、ここで読んだことを念頭にもう一度見ていただけたなら、きっとまた別の発見があることでしょう。

瞽女唄というマイナーな芸能を取り扱う拙い文章にチャンスを与えてくださった左右社さまに感謝申し上げます。

「小林ハルの最後の弟子」という立場が自分には重すぎるなと感じてきましたが、また少し、肩の荷が軽くなったような気がしています。

参考音源リスト

本文中に、〔　〕付きの算用数字で番号が記されたものは、左記のYouTubeで音源の一部を視聴することができます。

https://www.youtube.com/playlist?list=PLiQ_Gib88pVbPbRXX_gUtxlK48jxsPqmo

凡例

〔参考音源no.〕本文参照ページ

唄のタイトルもしくは参考音源タイトル

＊（　）内は抜粋した唄のタイトル、〈　〉は抜粋箇所

演奏者名

音源元／track no.

三話

〔1〕22ページ

祭文松坂 葛の葉 一の段

萱森直子

萱森直子『越後瞽女唄』no.2／track 1

五話

〔2〕32ページ

祭文松坂 はじめの決まり文句の例

さずきもんメンバー

萱森直子・越後ごぜ唄グループ「さずきもん」『瞽女唄三昧 その二 春の巻』／track 7

---

〔3〕33ページ

「字あまり」の例（「祭文松坂 葛の葉 二の段」より）

萱森直子

萱森直子『越後瞽女唄』no.2／track 2

〔4〕34ページ
祭文松坂 葛の葉 四の段〈かかさまに会いたい〜〉
萱森直子
萱森直子『越後瞽女唄』no.3／track 2

六話

〔5〕40ページ
祭文松坂 石堂丸
萱森直子
萱森直子『越後瞽女唄』no.1／track 1

七話

〔6〕47ページ
祭文松坂 八百屋お七 一の段〈虫尽くし〉
萱森直子
萱森直子『越後瞽女唄』no.8／track 1

〔7〕49ページ
祭文松坂 八百屋お七 四の段
萱森直子
萱森直子『越後瞽女唄』no.9／track 1

〔8〕51ページ
祭文松坂 赤垣源蔵 二の段〈とっくり別れの段〉
萱森直子
萱森直子『越後瞽女唄』no.11／track 2

〔9〕56ページ
瞽女松坂
萱森直子
萱森直子『越後瞽女唄』no.2／track 3

九話

〔10〕71ページ
秋田甚句
萱森直子
萱森直子『越後瞽女唄』no.10／track 3

〔11〕71ページ
二上がり甚句
萱森直子

萱森直子『越後瞽女唄』no.10／track 4

十話

〔12〕76ページ
祭文松坂 山椒大夫 一の段（途中）
萱森直子
萱森直子『越後瞽女唄』no.10／track 1

〔13〕76ページ
噺松坂
さずきもんメンバー
小関敦子による越後ごぜ唄
CD第2集「ごぜうた②」／track 3

〔14〕77ページ
佐渡おけさ（長岡）
萱森直子
萱森直子『越後瞽女唄』no.4／track 4

〔15〕77ページ
庄内節
萱森直子
萱森直子『越後瞽女唄』no.2／track 4

〔16〕80ページ
佐渡おけさ（高田）〈わしに会いたくば〜〉
萱森直子
萱森直子『越後瞽女唄』no.4／track 5

〔17〕82ページ
佐渡おけさ（高田） 冒頭〜アイノテ部分
萱森直子
萱森直子『越後瞽女唄』no.4／track 5

十一話

〔18〕85ページ
新保広大寺節（長岡）
萱森直子
萱森直子『越後瞽女唄』no.12／track 4

〔19〕85ページ
新保広大寺節（高田）

萱森直子
萱森直子『越後瞽女唄』no.12／track 5

〔20〕88ページ
磯節（長岡）
萱森直子
萱森直子・越後ごぜ唄グループ「さずきもん」
『瞽女唄三味 その二 春の巻』／track18

十二話

〔21〕93ページ
瞽女万歳
さずきもんメンバー
萱森直子・越後ごぜ唄グループ「さずきもん」
『瞽女唄三味 その一 冬の巻』／track6

十四話

〔22〕107ページ
祭文松坂 景清 一の段
萱森直子
萱森直子『越後瞽女唄』no.6／track1

〔23〕112ページ
祭文松坂 おわりの決まり文句（長岡）
萱森直子
萱森直子『越後瞽女唄』no.4／track1

〔24〕112ページ
祭文松坂 おわりの決まり文句（高田）
萱森直子
萱森直子『越後瞽女唄』no.10／track1

十五話

〔25〕116ページ
越後追分
萱森直子
萱森直子『越後瞽女唄』no.7／track4

十六話

〔26〕122ページ

祭文松坂 巡礼おつる 一の段
萱森直子
萱森直子『越後瞽女唄』no.4／track1

十七話

〔27〕134ページ
出雲節 みかんのくどき
萱森直子
萱森直子『越後瞽女唄』no.9／track4

〔28〕137ページ
夢和讃
さずきもんメンバー・盲導犬ジャスミン
萱森直子・越後ごぜ唄グループ「さずきもん」
『瞽女唄三昧 その二 春の巻』／track15

十八話

〔29〕142ページ
出雲節 梅のくどき
萱森直子
萱森直子『越後瞽女唄』no.5／track4

〔30〕142ページ
出雲節 とうふこんにゃくのくどき
萱森直子
萱森直子『越後瞽女唄』no.9／track5

〔31〕142ページ
出雲節 西郷どん
萱森直子
萱森直子『越後瞽女唄』no.5／track5

〔32〕144ページ
伊勢音頭くずし（長岡）冒頭
萱森直子
萱森直子『越後瞽女唄』no.3／track3

〔33〕146ページ
伊勢音頭くずし（長岡）アイノテ部分
萱森直子
萱森直子『越後瞽女唄』no.3／track3

十九話

〔34〕150ページ
高田の口説き（『ねずみ口説き』より）
萱森直子
萱森直子『越後瞽女唄』no.10／track 5

二十一話

〔35〕160ページ
鴨緑江節
萱森直子
萱森直子『越後瞽女唄』no.12／track 3

二十二話

〔36〕169ページ
祭文松坂 地蔵堂の節回しの例（『八百屋お七』三の段より）
萱森直子
萱森直子『越後瞽女唄』no.8／track 3

〔37〕169ページ
祭文松坂 新津組の節回しの例
（『八百屋お七』一の段（ふつうのテンポ）より）
萱森直子
萱森直子『越後瞽女唄』no.8／track 1

〔38〕169ページ
祭文松坂 新津組の節回しの例
（『八百屋お七』四の段（リズミカル）より）
萱森直子
萱森直子『越後瞽女唄』no.9／track 1

二十三話

〔39〕177ページ
祭文松坂 長岡瞽女屋の節回し（『八百屋お七』二の段より）
萱森直子
萱森直子『越後瞽女唄』no.8／track 2

二十四話

〔40〕184ページ
どどいつ

萱森直子
萱森直子『越後瞽女唄』no.2／track 5

〔41〕 188ページ
信州追分
さずきもんメンバー
萱森直子・越後ごぜ唄グループ「さずきもん」
『瞽女唄三昧 その二 春の巻』／track 8

二十五話

〔42〕 194ページ
さんじょなむえ
小林ハル
萱森直子『越後瞽女唄』no.7／track 3

〔43〕 197ページ
ひとつとでたなりや
萱森直子
萱森直子・越後ごぜ唄グループ「さずきもん」
『瞽女唄三昧 その一 冬の巻』／track 3

二十六話

〔44〕 205ページ
正月祝い口説き
萱森直子
萱森直子『越後瞽女唄』no.4／track 3

二十九話

〔45〕 232ページ
峠・八十里越え
萱森直子
萱森直子・越後ごぜ唄グループ「さずきもん」
『瞽女唄三昧 その一 冬の巻』／track 1

〔46〕 233ページ
カニとナマコのけんか口説き
萱森直子
萱森直子・越後ごぜ唄グループ「さずきもん」
『瞽女唄三昧 その一 冬の巻』／track 2

三十話

〔47〕 240ページ
ゴゼンボソング コロナ禍応援歌 新潟弁ヴァージョン
（映画『瞽女 GOZE』「新潟のしょ みんなして、がんばろて！」 ロングヴァージョン）
萱森直子
https://www.youtube.com/watch?v=5v6fS9LqWdE

小林ハル（こばやし・はる）

重要無形文化財保持者（瞽女唄）。

一九〇〇年、新潟県三条市で出生。

生後百日で失明し、五歳で瞽女の親方に弟子入り、九歳で初の旅回りに出る。

一九七三年に福祉施設に入所するまで瞽女として商売をし、その後もその芸と信念を伝えた。

一九七八年に記録作成等の措置を講ずべき無形文化財として認定。二〇〇一年に三条市名誉市民、二〇〇二年に吉川英治文化賞受賞。

二〇〇五年四月二十五日盲養護施設にて永眠。

享年百五才。


（写真は新潟日報提供）

萱森直子（かやもり・なおこ）

一九五八年、新潟県新潟市生まれ。無形文化財保持者の長岡瞽女・小林ハル氏に師事。小林ハルの伝えた三種類の節回しで祭文松坂をうたいわけることができる。高田瞽女杉本シズ氏を通して高田系瞽女唄も習得し、長岡・高田両系統の瞽女唄を直接伝授される。NHK「新日本紀行ふたたび」（二〇〇八年）への出演、NHKオーディオドラマ「女歌夢の道行」（二〇〇九年）の制作協力、映画『瞽女GOZE』の瞽女唄指導協力など、メディア出演・協力多数。

新潟市内の保育園で園児と瞽女唄を唄う活動も行うなど、瞽女唄をめぐる環境づくりや、瞽女唄教室での後進の育成にもつとめている。「越後ごぜ唄グループ『さずきもん』」を主宰。

さずきもんたちの唄

最後の弟子が語る瞽女・小林ハル

2021年10月10日　第1刷発行

著者
萱森直子
発行者
小柳 学
発行所
株式会社左右社
〒151-0051 東京都渋谷区千駄ヶ谷3-55-12 ヴィラパルテノンB1
TEL: 03-5786-6030　FAX: 03-5786-6032
http://www.sayusha.com
装画
山本由実
ブックデザイン
鈴木成一デザイン室
印刷・製本
創栄図書印刷株式会社

ISBN978-4-86528-044-9